# 在博物馆里看中国历史

## 隋唐五代十国史

张腾腾——编著    童圆文化——绘

北京理工大学出版社
BEIJING INSTITUTE OF TECHNOLOGY PRESS

**图书在版编目（CIP）数据**

在博物馆里看中国历史：全6册/边庆祝等编著；马尔克斯文创，童圆文化绘. -- 北京：北京理工大学出版社，2025. 4.

ISBN 978-7-5763-4934-4

Ⅰ. K209

中国国家版本馆 CIP 数据核字第 2025N20C43 号

---

**责任编辑**：李慧智　　**文案编辑**：李慧智

**责任校对**：王雅静　　**责任印制**：施胜娟

---

**出版发行** / 北京理工大学出版社有限责任公司

社　　址 / 北京市丰台区四合庄路 6 号

邮　　编 / 100070

电　　话 / （010）68944451（大众售后服务热线）

　　　　　（010）68912824（大众售后服务热线）

网　　址 / http://www.bitpress.com.cn

---

版 印 次 / 2025 年 4 月第 1 版第 1 次印刷

印　　刷 / 武汉林瑞升包装科技有限公司

开　　本 / 889 mm×1194 mm　1/16

印　　张 / 48

字　　数 / 720 千字

定　　价 / 299.00 元（全 6 册）

你们知道吗？大禹三过家门而不入，胸怀怎样的壮志与担当？诸葛亮未出茅庐便知天下三分，是何种睿智在他脑海闪耀？霍去病高呼"匈奴未灭，何以家为"，是何等的豪情壮志？历史，从来不是故纸堆里的陈旧记载，而是智慧的源泉，是灵魂的滋养。知历史，能让我们找到前行的坐标；明历史，有益于我们洞察人心的幽微；悟历史，可助我们拥有披荆斩棘的力量。历史就像一座蕴藏无尽宝藏的矿山，越深入挖掘，等待你的越有可能是珍稀的宝物。

博物馆就是那座与历史紧紧相连的桥梁，是岁月精心雕琢的宝库，承载着人类的辉煌与沧桑，以独一无二之姿态静立于尘世，等待世人揭开历史的神秘面纱。那古老的青铜鼎，斑驳的锈迹如同岁月的泪痕，神秘的纹路宛如古老的密码，诉说着祭祀的庄重、王朝的更迭。还有那色彩斑驳的壁画，犹如一部部生动的史书，尽显市井的热闹喧嚣、宫廷的奢华繁缛；人物的神情姿态、举手投足，尽显古代生活的千姿百态。那些古老的书卷，纸张虽已泛黄，却承载着历史的真相，甚至一个字就可能激活一段鲜为人知的历史。一件文物，一个事件，一则故事，或如激昂的战歌，或如悲壮的挽曲，或似温情的牧歌，或像残酷的警钟，交织成一幅五彩斑斓又深沉厚重的历史画卷。牧野之战的战火仿佛从未熄灭，楚汉英雄的智慧与勇气令人叹为观止，淝水之战以少胜多的辉煌展现出惊人的力量……那些为了信念、为了家国正义而慷慨赴死的将士们如同璀璨星辰，在历史的黑暗中闪耀着永不磨灭的光辉。

历史就是这样一面镜子，映照着人类的兴衰荣辱，也映照出人性的光辉与阴暗。从商纣王的酒池肉林导致王朝覆灭，到贞观之治的开明盛世成就繁荣昌盛，历史的教训与经验如洪钟大吕，振聋发聩。历史告诫我们，在困境中要坚守希望，在繁华中要保持清醒，骄奢淫逸是堕落的深渊，励精图治是兴盛的基石。

对于孩子们而言，博物馆里的文物和历史故事，是一扇扇通往神秘世界的大门，是

**序**

点燃他们好奇心与求知欲的火种。当孩子们站在这些古老的文物面前，心中会涌起对未知的渴望、对历史的敬畏。这些文物和故事，就像播撒在孩子们心田的种子，一颗承载着对神秘历史无尽向往与渴望的种子。在岁月的润泽下，这颗种子会生根发芽，成长为一棵庇荫心灵的大树，最终成为人生中最宝贵的精神财富。

这套"在博物馆里看中国历史"书系，以博物馆为契机，将文物、历史、故事、人文百科知识有效结合，旨在用真实的文物串联起整个中国史，用肉眼可见的、可以触摸的东西，带给孩子更真实的历史体验感。全套书按时间顺序分为史前夏商周史、春秋战国秦汉史、三国两晋南北朝史、隋唐五代十国史、宋元辽夏金史、明清史 6 册，从史前云南元谋人开始，一直讲到清朝灭亡。书中设置文物档案、博物馆小剧场、历史小百科三大版块。其中，"博物馆小剧场"以第一人称的形式讲述特定历史时期的事件，胶片式的设计风格、活泼生动的表达方式，让孩子们既能享受到看电影一般的爽感，同时又能轻松掌握特定时期的历史发展变化。全书在内容的编写上，既尊重历史的真实性，又充分考虑当代孩子的阅读习惯和兴趣，语言生动有趣，极具可读性。图片上既有真实的文物考古图，又有精美的手绘插图，极具审美和艺术欣赏的价值。

当孩子们翻开这套书籍时，就如同开启了一部神奇的时光机，可以与古人对话、与历史相拥。愿这些历史的遗珠绽放出的智慧光芒，照亮孩子们前行的道路，使他们在喧嚣的现代社会中，拥有一片宁静而深邃的精神家园。

2025 年 1 月　于林甸

# 目 录
## CONTENTS

### 第一章
#### 昙花一现的隋朝

# 目 录
## CONTENTS

## 第二章
### 如烟花般绚丽的唐朝

# 第三章

## 大分裂时期——五代十国

# 目 录
## CONTENTS

# 第一章
## 昙花一现的隋朝

# 第一节

## 北周末年杨坚的帝王路：
### 杨坚的危机四伏

　　568年，隋国公杨忠病逝，他的儿子杨坚继承爵位。齐王宇文宪认为杨坚相貌非凡，有帝王的英姿，劝说北周武帝铲除杨坚。北周武帝念及杨坚的父亲功名赫赫，没有杀掉杨坚，只是疏远了他。578年，北周武帝病逝，其子宇文赟（yūn）继位，史称北周宣帝。北周宣帝生性残暴、多疑，曾对皇后（杨坚之女）扬言迟早要诛杀杨坚九族。杨坚几次进宫，都看到有杀手埋伏左右，只得故作镇定。后来，杨坚主动提出要到偏远的亳州驻守。放下戒备的北周宣帝很快让位给年仅6岁的儿子宇文阐，自己则称"天元皇帝"。其间，骠骑大将军庞晃劝说杨坚起兵，被杨坚以分散皇权而推拒。

　　下面就让我们走进博物馆小剧场，一起感受下杨坚的职场生活吧！

**博物馆小剧场**　　**杨坚的职场日记**

**1** 父亲生前跟文帝起义关西有功，他去世后我继承了爵位，被封为隋国公。许多人都在羡慕我有这样好的家世，其实伴君如伴虎，武帝一直认为我心怀叵测，听说齐王劝说武帝尽快铲除我，以绝后患。

**2** 武帝先后找了大夫和相士，询问我的相貌是否如传言般具有帝王之姿。大夫看出了我非同常人，为了自保，撒了谎；而相士素来与我交好，自然替我说了好话。武帝终于对我放下了戒备。

**3** 武帝去世后，宇文赟继位。宇文赟虽然迎娶了我的女儿当皇后，也让我继续当柱国和大司马，但对我却更加提防。我几次进宫，都看到有杀手埋伏。

**4** 我决定以退为进，主动请求去亳州驻守。宇文赟高兴地批准了。之后，他竟然放心大胆地把皇位传给了他6岁的儿子。侍奉卫王的大将军庞晃劝我早早起兵。我暗地里广结人才，打算一步步铲除宇文家族的势力。

　　杨坚身为外戚，手握大权，且在军中极具威望。然而，这既是他的强大优势，也让他深陷危险之中。好在他懂得以退为进，且做事谨小慎微，让自己一次次化险为夷。在复杂的权力斗争中，他善于观察形势，厚积薄发；面对危机，也能沉着冷静应付自如；当机会来临时，又能紧紧抓住，一击即中。正是这些优秀的品质，成就了杨坚的帝王大业。

 **历史小百科**

皇后印玺

### 玺和印、章

　　秦始皇统一六国后，规定天子称"皇帝"。皇帝的印叫"玺"，皇后的印叫"印玺"，大臣们的印叫"印"，老百姓的印叫"章"。自汉代开始，基本沿袭秦制，但略有宽松，比如皇后、太后、诸侯的印也有称"玺"的。皇帝的"玺"一般是白玉螭虎纽，而皇后的"玺"则是金螭虎纽。北周金质天元皇太后玺采用了獬豸纽，可见其独特之处。

### 宇文赟的"天"式举措

　　宇文赟让位给小儿子后，自封为"天元皇帝"。宇文赟把自己的宫殿称为"天台"，对大臣自称为"天"。大臣到"天台"拜见宇文赟的时候，必须先吃斋三天、净身一天。宇文赟还发明了"天杖"，用来责罚身边的人。宇文赟正确的举措，是将促进民族友好往来的皇太后尊称为"天元皇太后"，还用金子为其制作了流传千古的天元皇太后玺。这里的"天元皇太后"指的是北周武帝宇文邕的皇后阿史那氏，是当时突厥可汗的女儿。

# 第一节

## 北周末年杨坚的帝王路：
### 杨坚称帝

580 年五月，北周宣帝宇文赟病危，大臣刘昉、郑译联合正太后（杨坚之女）召杨坚以外戚身份回朝，辅佐年仅 8 岁的北周静帝。

北周宣帝驾崩后，北周静帝宇文阐宣布大赦天下，同时任命杨坚为左大丞相、军事都督。御正中大夫颜之仪不肯将皇帝玉玺交给杨坚，还急召亲王宇文仲进宫辅政。杨坚派人捉拿宇文仲，暂时稳定住宫中形势。杨坚掌权后，以赵王之女下嫁突厥为由，邀请五王到朝廷观礼，然后以刺杀、谋反等罪名一一将其铲除。581 年，北周静帝禅让帝位给杨坚。杨坚定国号为"隋"，改元开皇，史称隋文帝。

下面就让我们走进博物馆小剧场，一起感受下杨坚称帝的一系列谋划吧！

## 博物馆小剧场　　杨坚的称帝日记

**1** 听说天元皇帝病危了，我马上收拾行李准备回朝。与此同时，我也收到了刘昉、郑译在正太后的协助下伪造的圣旨。对，我要回去辅佐年幼的新帝了！

**2** 我被任命为左大丞相、军事都督，权力至高无上，这还不够，我还得拿到代表皇权的玉玺。颜之仪这个老顽固，不仅不给我玉玺，还想让宇文仲取代我。幸亏我抓到了宇文仲，要不然后果不堪设想。

**3** 宇文仲搞定了，接下来就是驻守在中原各地的五个王爷了。我以公主和亲的名义把他们都叫到了都城，然后以自己为饵，设计先除掉了赵王和越王。之后又以谋反的罪名，除掉了剩下的三王。

**4** 所有阻碍都被清除后，皇上不得不让位给我。仅仅用了一年的时间，我便实现了从左大丞相到大丞相再到皇帝的三级跳。我是隋国公，所以我的国家就叫"隋"吧！我要吸取北周亡国的教训，好好管理大隋。

　　杨坚利用北周宗室和诸侯之间的矛盾，一步步削弱了皇权。他步步谋划，在朝廷中树立自己的权威，为他谋权篡位、政权平稳过渡奠定了基础。杨坚用谋略促使周静帝禅让，也避免了政权更迭给社会带来动荡。从杨坚步步为营、成功登顶的过程中，可以看出他是个深思熟虑、有勇有谋的人。杨坚建隋，结束了南北朝时期混乱的局面，使中国历史重新步入正轨。

### 🔍 历史小百科

**驼俑的由来**

　　在北周时期，鲜卑族等少数民族陆续入侵中原。由于政权的更迭，促进了民族的大融合，各民族习俗因此发生了一些变化。陶制品作为最能反映时代特色的物件，其特点也随之改变。其中，马、驼畜群陶俑就是这个时期盛行的。

**两姑之间难为妇**

　　杨坚继承爵位之前，曾经受到权臣宇文护的笼络。杨坚十分为难，便去请教父亲杨忠。杨忠摇摇头，说："两姑之间难为妇，你不要与他来往了！"意思是媳妇夹在婆婆和小姑之间，非常难做人。后来北周武帝铲除宇文护时，杨坚得以保全自身。

# 第二节

## 三省六部制的分级管理

581 年，隋文帝杨坚建立隋朝后，进行了一系列改革：废除北周的六官制，把原本的三公、三卿设为没有实权的虚职。参考曹魏的中书监、汉朝的尚书省、西晋的门下省、东汉的六部，建立了三省六部制。权力机关为三省，分为尚书省、门下省和内史省；行政机关为六部，分为吏部、民部、礼部、兵部、刑部、工部。内史和门下两省负责诏书的起草、更正等事宜，尚书省负责管理朝政，下设立吏、民、礼、兵、刑、工六部。为合理选拔人才，隋文帝废除九品中正制，改用分科取士制。

下面就让我们走进博物馆小剧场，了解一下隋文帝的创业之路吧！

**博物馆小剧场** 　　**隋文帝的创业之路**

**1** 我终于如愿以偿地当上了皇帝。我宣布大赦天下，百姓都心服口服。北周的旧臣们也甘愿俯首称臣。我没有因为颜之仪之前的不配合而针对他，相反，我很需要这类忠心耿耿的人才。

**2** 至于郑译，我逐渐疏远冷落了他。他自诩开国功臣，越来越好吃懒做、不问政事。这类在其位不谋其政的官员不在少数。我废除了北周的六官制，把这些吃白饭的人变成有名无实的摆设。

**3** 之前北周的皇权势力太弱了，才让我有机可乘，我得吸取这个教训。我把朝廷的政务机关改为三省六部，让大臣没有一个人可以独掌大权的，所有权力最终只能集中在我手上。

**4** 人才的选拔也很关键，九品中正制就是世家互相勾结的毒瘤，家里有钱的贿赂中正官（推荐人）就有职位，这万万行不通。因此，我设置了分科取士制，希望通过分科考试来选拔真正有才能的人。

　　隋文帝登基后，在制度改革方面设立了三省六部制，目的是分散丞相以及相关机构的权力，将大权都揽在皇帝一人的手里。三省六部制既让官员之间互相牵制，不会一家独大，又提高了决策和执行的效率。隋文帝的改革不仅实现了中央集权的目的，也让隋朝在开国之初很快走上了稳定发展的道路。而很多政策比如三省六部制后来好多朝代都有沿用，科举制甚至一直贯穿了整个封建时代。

 历史小百科

### 不计前嫌的杨坚

　　隋文帝杨坚登基后，不仅积极改革，还非常重视人才。他曾任命了 16 位辅政重臣，其中不乏曾经的政敌。比如苏威曾经极力阻挠过杨坚篡位，可杨坚不仅没有降罪于他，还让他做上了太常卿、吏部尚书等职位，履职谏言、谋策、巡视地方等要职。窦炽曾经宁死也不肯在杨坚代周的文书上签字，杨坚认为窦炽身上这种忠贞不二的品德非常难得，建国后当即拜他做自己的老师。

### 瑞兽镜辟邪的故事

　　传说，隋朝的汾阴县有个侯生，平时喜好钻研辟邪。他和官员王度十分要好，送了王度一面瑞兽铜镜，并说道："拿着这面镜子，能驱除无数妖邪。"王度用这面镜子照出了狐狸和蛇变成的精怪，又消除了地方的瘟疫。隋朝灭亡前，瑞兽镜发出一声悲鸣，随后便消失不见了。

# 第三节

## 定都大兴城

**文物档案**

名　称：隋代董钦造阿弥陀像
出土地：西安市雁塔区八里村
特　点：通体鎏金，由一佛、二菩萨、
二力士、一香薰和四足方形床组成。
收　藏：西安博物馆

　　隋文帝开国时，都城仍在北周的旧都长安。长安几经战乱，十分残破。隋文帝杨坚决定放弃长安，将新都定于秦汉长安城东南方的龙首山。

　　582 年，隋文帝找到擅长建筑的宇文恺，命其设计新都城。宇文恺很快便设计出了都城版图：新都的形制为长方形，采用了东西对称的布局。在宇文恺的全力指导下，新都城不到一年便初具规模。隋文帝在前朝曾经被封为大兴郡公，新都也因此被命名为大兴城。新都建成后，粮仓空虚，需要水运粮食。隋文帝又下令开凿广通渠，扩大了大兴城的水域。渠成后水运便利，推动了隋朝经济的发展。

　　下面就让我们走进博物馆小剧场，一起了解下隋文帝定都的过程吧！

**博物馆小剧场** | **宇文恺的设计手记**

**1** 皇上建立隋朝之后，经常说在长安城住得不踏实。一方面是因为这里老是打仗，地面都没几块好的，皇上感觉这里风水不好。另一方面长安是旧都了，污水都排不出去。喝水都要从城外运输，太麻烦了。

**2** 皇上想要建新都城。他知道我有着出色的建筑才能，才把这一重任交给了我。当然，皇上当初也是看中我这方面的能力，才在宇文家族灭族的时候留我一命的。所以，我必须全力以赴才行！

**3** 我在设计图中，把新都城分为宫城、皇城、外廓城三个部分，全部采用东西对称布局。外廓城即百姓生产生活的地方，为棋盘式格局。而宫城和皇城位置高于外廓城，显示了帝王的非凡地位！

**4** 新都城建好了，皇上给它起名为大兴城，因为他曾经被封为大兴郡公。为了保证新都城的水运顺畅，皇上又下令开凿一条水运渠道。除了能运输粮食之外，还能促进水上贸易往来。哇，皇上太英明了！

大兴城是当时世界上最大的城市，历时 31 年建成。大兴城的街道之整齐、对称，是之前的朝代所没有过的。它的设计和布局对后世中国、日本及朝鲜都市建设都具有深远影响。围绕着大兴城修建的广通渠，不仅为隋朝经济发展做出了贡献，对后世也具有重要意义。当然，隋文帝迁都主要是因为长安城离渭水近，担心水患，而迁都大兴城意味着一个全新朝代的开始。

## 历史小百科

### 董钦造阿弥陀像的由来

隋文帝杨坚小时候在寺院长大，极其喜爱佛像。他登基后，命人建造和修复了不少的佛像。县丞董钦投其所好，制造了一座阿弥陀像，献给隋文帝。该佛像有一佛、二菩萨、二力士，代表了隋文帝及其亲眷。这座佛像出土时保存完好，镏金色彩美轮美奂，是隋朝造像中的精品。

### 出身显赫的宇文恺

宇文恺出生在武将世家，两岁时就被赠予双泉县伯爵位，6 岁时继承了父亲的安平郡公爵位。家族里的兄弟都在学习武艺，唯独宇文恺不喜欢骑马射箭，而是喜欢读书。宇文恺从小博览群书，尤其着迷于建筑类书籍，为他后来建大兴城等著名建筑打下了基础。

# 第四节

## 人人有田的均田令

文物档案

名　称：隋代社仓纳粟砖
出土地：河南省洛阳市
特　点：记载了社仓向朝廷缴纳粮食的情况。砖末署仓史、仓督等职官姓名。
收　藏：中国国家博物馆

　　隋开皇二年（582年），鉴于全国存在大量无主田地，隋文帝在北周均田制的基础上，继续推行均田令。均田令规定：成年男性每人分配80亩露田和20亩永业田；成年女性每人分配40亩露田，不分配永业田。露田和永业田均需要上缴赋税。其中，露田可以用来种植五谷，土地所有权归属国家。永业田可以用来种植桑树、枣树等，有多余的可以买卖，土地所有权归属个人。自亲王至都督都可分配永业田，多者百余顷，少者30顷。隋朝后期推行官员自给自足的政策，即根据官职高低分田，然后用田地的收入代替国家俸禄，以减轻财政开支。

　　下面就让我们走进博物馆小剧场，一起了解下隋代的均田令吧！

**博物馆小剧场**　均田令下的农民生活

**1** 村官通知大家说，朝廷要按人口来分配田地啦！我们一家三口，我能分到露田和永业田，我老婆可以分到比我少一半的露田。我儿子才6岁，要等成年才有田。不过这些田足够养活我们三口啦！

**2** 这些田并不是你想种什么就种什么的，比如露田要用来种五谷。这是为了保障农民的口粮，还给国家上缴的粮食和赋税。露田也不能卖，等我们死了，国家还要回收呢！至于永业田，我决定种点桑树吧！

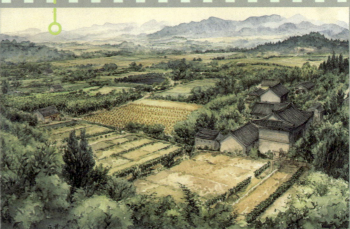

**3** 要是我们忙不过来，可以把多余的永业田卖给别人。等我儿子再长大点，能帮忙干活的时候，也可以买别人多余的永业田。皇上说，要实现"耕者有其田"，不就是人人有活干吗？

**4** 不只我们农民有田地，对于亲王、亲王以下到都督的官员，朝廷也根据他们的官爵等级，分配不同数量的田地给他们。虽然他们分的地还是比我们多很多，但这总比以前他们抢占我们田地的日子好多了！

　　均田令早在南北朝时期就有了，不过因为频繁的战乱被废弃了，使得土地所有权问题混乱不堪。隋朝均田令的改革符合当时的社会需要，有利于隋朝吸纳劳动力，调动劳动者的生产积极性。均田令限制贵族官僚的田产，在一定程度上抑制了土地兼并，保障了政府税收，同时实现中央集权管理。均田令推广实施后，隋朝得以吸引并稳定了更多劳动力，降低了国家财政开支，推动了经济的发展。

### 历史小百科

黎阳仓遗址

#### 官仓、义仓的区别

　　官仓指的是官府的粮仓，所有权和支配权归官府，平时用于粮食、军备的储存。义仓又称社仓，指的是民间建立的公共粮仓，由乡镇官员代为管理。义仓的粮食由各家各户上缴，遇到饥荒的年份，义仓就开仓济民。义仓后来都会演变为官仓。社仓纳粟砖的铭文恰好见证了从民间自助到官方接管的社仓制度的演变。

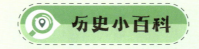

#### 黎阳仓的由来

　　隋朝初年，为了缓解粮食匮乏的压力，朝廷在全国各地修建了许多粮仓，然后再通过漕运将各地的粮食转运至京都。隋开皇三年（583 年），在浚县建立的黎阳仓规模宏大，是闻名天下的国家粮仓。当时，从黄河以北各州征收的粮食基本集中在黎阳仓，然后朝廷会根据需要调拨，下可经永济渠运往洛阳及长安，上可通过漕运向北运粮。

# 第五节

## 隋文帝北战突厥

**文物档案**

名　　称：隋代史射勿墓志

出土地：宁夏回族自治区固原市原州区小马庄村

特　　点：碑文共 499 字，铭刻骠骑将军史射勿追随李轨、姚辨北击突厥、匈奴的事迹。

收　　藏：宁夏回族自治区博物馆

582 年，突厥的沙钵（bō）略可汗派兵大肆侵犯隋朝边境。隋朝使者长孙晟（shèng）曾陪同千金公主（赵王之女）和亲，了解到沙钵略可汗兄弟不和，提议隋文帝拉拢沙钵略可汗的兄弟阿波可汗，以削弱突厥力量。583 年，隋文帝任命杨爽、杨弘等为行军元帅，兵分八路反攻突厥。高越原之战中，隋军屡战屡胜阿波可汗。长孙晟趁机拉拢阿波可汗，使其归顺隋朝。沙钵略可汗得知此事后，率兵进攻阿波可汗领地。突厥内部矛盾愈演愈烈，最终分裂成东、西两个突厥汗国：阿波可汗掌权东突厥，沙钵略可汗掌权西突厥。东突厥不久后归顺隋朝。584 年，沙钵略可汗向隋朝称藩求和。千金公主也写信给隋文帝，请求改姓杨，认隋文帝作父亲。隋文帝停止对西突厥的讨伐，改封千金公主为大义公主，赐杨姓。

### 博物馆小剧场　突厥投降记

**1** 突厥又来进攻了，这两年来我朝因为忙于维持社会的稳定，一直打防守战。我曾多次奉命出使突厥。但沙钵略可汗说我送去的礼物太廉价，还不如北周送的好。他这是存心找碴儿，想跟我们打仗吧！

**2** 我看出皇上也动了攻打突厥的心思。我趁机向皇上提议，可以去拉拢沙钵略的兄弟阿波可汗，他们兄弟不和已经很久了。皇上接纳了我的意见，让杨爽和杨弘等几位大人率兵，兵分八路去攻打突厥。

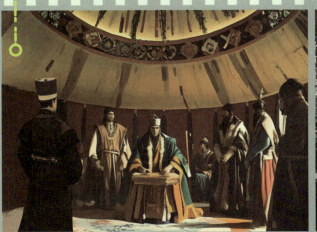

**3** 为了征服阿波可汗，我朝大军先用武力打到他没有力气还手，再趁机拉拢。这招果然有效，哈哈，阿波可汗果真归顺了我们。沙钵略可汗得到这个消息很生气，转头就攻打阿波可汗。结果就是，突厥彻底分裂了。

**4** 又打了一年多的仗，千金公主忍不住了，写信说要做杨家人，沙钵略可汗也表示愿意称藩求和。皇上也不想一直打仗，当即把千金公主收为养女，赐姓杨。突厥的问题总算解决了。

突厥之所以兴师动众攻打隋朝，主要是为了阻止隋文帝统一全国。自汉朝以来，突厥一直是蒙古高原的霸主，连北周和北齐都要纳贡讨好突厥。隋文帝隐忍两年，不是惧怕突厥的实力，而是因为自己的根基不稳。时机成熟之后，隋文帝马上派兵攻打突厥，采用离间计成功分裂了突厥，并最终将其全部征服。与突厥的战争胜利后，隋朝势力拓展到蒙古高原，进一步巩固了中原地区的防御。

## 历史小百科

### 智勇双全的长孙晟

　　长孙晟是隋朝名将，武艺高超，尤其擅长骑射。有一次，长孙晟护送北周千金公主去突厥和亲。突厥可汗为了显示突厥人的射箭技术，顺便给隋朝使者一个下马威，指着天上的两只大雁，命人射下来。结果，几个突厥射手都没做到。长孙晟见状，搭弓射箭，只一箭就射中了两只大雁。突厥可汗惊叹于长孙晟箭术，让他在突厥留住了一年。在这一年里，长孙晟了解了突厥的风土地貌，结交了突厥权贵，为后来隋朝收复突厥创造了条件。

### 千金公主与隋文帝的恩怨

　　580 年，杨坚登基前对北周皇室内部进行了一场杀戮。由于杀戮只针对男丁，公主们得以侥幸逃脱。其中有一位千金公主，是赵王宇文招的女儿。同年二月，千金公主被选去与突厥和亲，嫁给了沙钵略可汗。千金公主趁着隋文帝初登帝位根基不稳，极力挑拨突厥与隋的外交关系，造成双方关系恶化。

# 第六节

## 实现统一的关键一战

**文物档案**

**名　称：** 陈文帝陈蒨（qiàn）永宁陵石刻

**特　点：** 共两只石兽：一只头上两只角，被认作天禄；一只头上一只角，被认作麒麟。

**地　点：** 南京市栖霞镇新合村

587 年，隋文帝有意灭陈，丞相高颎（jiǒng）提议可以把攻打陈国的假消息放出去，陈国必定全城戒备，而错过收割农作物的时机。陈国果然全力备战，导致农作物的收割被搁置。高颎又提议火烧陈国官仓，如此反复几年，陈国变得贫弱不堪。次年十二月，隋文帝任派晋王杨广出兵灭陈。杨广听从高颎的建议，兵分八路攻打陈国，其中水师乘五牙战船过长江。陈后主认为长江险阻，地理位置得天独厚，竟丝毫没做任何准备。再加上粮仓空虚，陈国上下都无心抵御隋军。589 年正月初一，就在陈国举国上下欢度新年之际，隋军越过长江包围建康城（今江苏南京）。20 天后，陈后主投降，至此隋实现了全国的基本统一。

**博物馆小剧场**　　**高颎的攻陈战术**

**1** 这几年我奉命坐镇江汉一带，很清楚地知道陈所在的江南地区每年收割稻谷的时间。只要趁着陈国收割的时候跟他们多玩几次"狼来了"的战术，就能大大破坏他们的收割计划。

**2** 可别小瞧了粮食的作用！兵马未动，粮草先行。粮食可是决定胜负的关键。所以我一不做二不休，又建议皇上派人去烧陈的官仓。用不了多久，他们就要闹饥荒了。

**3** 终于要正式开战了！皇上让晋王亲自率兵打响灭陈之战。晋王也很信任我，征询我的意见，而我建议他兵分八路攻打陈，其中一路走水路，越过长江天险。腐败的陈后主竟然丝毫没准备，还沉迷于歌舞之中呢！

**4** 皇上把决战的日子定在了春节这天，陈国上下正沉浸在过节的氛围中，而晋王率领的大军已经越过长江包围了建康城。后知后觉的陈后主隔了二十天才仓促反击。我军很快拿下建康城，俘虏了陈后主。

　　高颍不愧是隋朝最有名的谋臣，深度参与了整个攻打计划，从至关重要的粮食战下手，一步步削弱陈国的力量；又建议晋王兵分八路，还特别派出一支水军。最终，隋军仅用了两个月时间就消灭了陈国。隋朝灭了陈国后，结束了自东晋十六国以来长期分裂割据的状态，基本实现了全国的统一。隋朝的统一战争，也为唐朝的大发展奠定了稳定的基础。

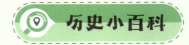

　　历史小百科

五牙战船模型

### 五牙战船

　　588 年，杨素奉命率水师攻打陈国。临行时，杨素命人打造一艘五牙战船。战船共有 5 层，百余尺高，可容纳 900 余名隋军。船上有 6 根拍竿，每根顶上绑了一块大石头。在水上作战时，隋军用拍竿击毁陈军十余艘小船。

### "一衣带水"的典故

　　南北朝时期，北周和陈国以长江为界线。长江以北是北周的国土，长江以南是陈国的国土。隋文帝建立隋朝后，决心统一南北。他说："我是天下子民的父母，难道因为一条衣带那么窄的长江隔着，就眼睁睁地看着南方的子民受苦吗？"后来，"一衣带水"被用来比喻相隔很近的两地。

# 第七节

## 岭南地区的平定

　　陈国灭亡后，还有岭南地区不在隋的统治之下。当时岭南地区的统治者是冼（xiǎn）太夫人，她在岭南地区深受百姓的爱戴。589 年，隋文帝派出官员韦洸（guāng）安抚岭南。同时，隋文帝写了一封亲笔信，连同陈后主的遗书，以及冼太夫人送给陈后主的"扶南犀杖"，让使臣一起带给冼太夫人。冼太夫人得知陈国灭亡后，带着数千人哭了数日的国丧，之后力排众议归顺隋朝。就这样，隋朝顺利收复岭南，隋文帝封冼太夫人为"宋康郡夫人"。

　　590 年，部分岭南豪族叛乱。冼太夫人亲自率兵随同隋将领一同平叛，叛乱很快被平定。隋文帝册封冼太夫人为"谯国夫人"。

### 博物馆小剧场　以大局为重的冼太夫人

**1** 岭南地区的百姓很喜欢我，这是因为我和丈夫冯宝共同治理这一带数十年，采取了一系列利民的政策，大力推行教育和生产，让百姓都过上了安稳的好日子。

**2** 丈夫去世后，我顺势成了岭南地区的统治者。大隋皇帝派人给我送来亲笔信，还有陈后主的遗书和信物。我虽然很心痛陈国的灭亡，但对于老百姓来说，谁当皇帝不重要，重要的是给他们安定的生活。所以，我决定归顺大隋。

**3** 为了推动岭南地区的发展，朝廷进行了一系列改革，没想到触及了豪族的利益。有几个家伙，竟然趁机想作乱。作为岭南的头领，我怎么可能坐视不理？我要和朝廷派来的杨素将军一起上战场，平叛！

**4** 这些叛徒能力也就那么大，很快被我们平定了。这下，岭南的百姓终于可以安心过日子了。皇上被我的大义凛然感动，赏赐我很多金银珠宝，还封我为谯国夫人。我这辈子啊，值了！

　　冼太夫人被尊为"圣母"，一生致力于维护国家的统一。在《隋书》《北史》《资治通鉴》中，都有冼太夫人的人物传，后人尊称冼太夫人为"岭南圣母"。冼太夫人不仅自己爱国，还教育她的子孙效忠国家。在隋炀帝统治后期，各地纷纷爆发农民起义，只有岭南地区一直稳定，丝毫没有割据称霸的迹象。唐朝派军抵达岭南时，冯太夫人的孙子冯盎也为了国家统一，把岭南地区的管理权交给了朝廷。

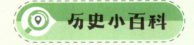

## 历史小百科

冼太夫人庙

### 军坡节的由来

　　冼太夫人出征平定海南，让百姓过上了安居乐业的生活，受到了百姓的爱戴。海南人民为了表达对冼太夫人的感谢，在每年的农历二月举办"军坡节"。在军坡节期间，每个村都会举行大型的庆祝活动，成千上万的百姓来到供奉冼太夫人的庙里朝拜。

### 什么是"俚人文化"？

　　隋唐时期，中原地区把岭南一带的族群称为"俚人"。俚人的当地文化为海洋文化，如渔业、海运、信仰、婚礼等都与海洋有关，代表着俚人对海洋的敬畏。后来，俚人吸收了中原文化的精髓，将农耕和渔业结合，俚人文化也慢慢发展演变为岭南文化。

# 第八节

## 机动灵活的府兵制

**文物档案**

名　称：隋代双辫须执剑武士陶俑
出土地：武汉市郊周家大湾 241 号墓
特　点：陶俑下巴处的胡子缠编成两条
辫子，体现了隋朝的缠须特色。
收　藏：中国国家博物馆

590 年，隋文帝下令改革府兵制，把府兵改为地方性军事管理度，招募、训练由各地方全权负责。府兵的籍贯纳入地方州府。征为府兵后，依据均田令，府兵获得田地，且不用交税纳粮。府兵平时就是种田的农民，进入军队就是士兵。非战时，府兵根据轮班制度宿卫。战争时期，府兵需要自备武器、装备、战马，朝廷不支付府兵费用。

府兵具有品级之分，最高品级来自朝廷重臣的子嗣，中层品级来自一般官吏和富商子弟，下等品级来自普通家庭。隋朝的府兵制是典型的田兵制，突出了寓兵于农的特点。

下面就让我们走进博物馆小剧场，一起了解下普通田兵的日常吧！

### 博物馆小剧场　府兵的生活日常

**1** 哎哟，今天县里贴出了征兵启事，来排队的人乌泱泱一大片！我也是来报名的。今年皇上改革了府兵制，要是在县里报名成功了，以后也是在县里练兵。这样，我就不用远离家乡啦！

**2** 我年满十八岁，身体杠杠的，所以报名很顺利！我看到有其他州的人过来报名府兵，籍贯都改成我们州的了，据说是方便统一管理。根据均田制，我还分到了田地，不训练的时候我跟普通农民没区别。

**3** 当然，作为府兵，我和农民也有不同的地方。就是我不需要纳税和上缴粮食，种多少都是自己的。不过，我必须得攒点钱，万一打仗，我得自己买武器和装备，朝廷是不管的。

**4** 不打仗的时候，我们是轮流宿卫的。轮到谁，谁就到军队值守，没轮到的继续种田。因为朝廷不给我们府兵费，所以我必须趁着没轮到的时候努力种田，多多攒钱才行。

府兵制起源于西魏、北周，原先的府兵是职业军人，由军府统领，不归州县管辖。这种情况造成了和平时期士兵无用武之地，还给朝廷带来了不小的财政负担。隋朝对府兵制进行改革，府兵在地方是农民，在军营是士兵。平时由地方管辖，入伍时由国家管理。这种府兵制和均田令的结合，提高了青年男子参军的积极性，也促进了生产力的发展。直至唐朝，这一制度仍在沿用。

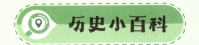

## 历史小百科

### 双辫须执剑武士陶俑的由来

晋魏南北朝时期，男性喜欢把下巴的胡子缠编成辫子。到了隋朝，缠须的风气更流行。上至文武百官，下到平民商贩，都喜欢将胡须缠编成辫子。辫子有的分为两股，有的合并为一股。缠须武士陶俑的形象，正是当时隋朝这一流行风潮的体现。

### 汉化的府兵制

制定府兵制的执政者是鲜卑人，因此汉人的地位低于鲜卑人。当时实行的政策是鲜卑人当兵、汉人务农。到了北周后期战乱频繁，汉人被迫改胡姓充军。隋文帝时期，下令恢复汉人将领本姓，并大量征收汉人府兵，此举使汉人在军队中的地位得以提高。

# 第九节

## 经济繁荣的开皇之治

**文物档案**

**名　称**：隋代开皇五铢，又称为"置样五铢"

**特　点**：钱径较大者一般约为2.5厘米，上有篆书"五铢"字样。

**收　藏**：中国钱币博物馆

隋朝实现全国基本统一后，隋文帝开始统一货币，着重发展经济。在之前的南北朝时期，户籍混乱，税收忽高忽低。隋文帝采纳了高颎的建议，以"输籍法"作为人口普查的依据，每年查一次。确定了人口数量后，隋文帝下令轻徭薄赋，沿用了赋税最轻的北齐法律，后又多次减免赋税，规定不服役的人可以交实物代替服役。随着经济的发展、国库的充盈，皇宫里呈现出奢靡之气，隋文帝便带头厉行节俭，并在全国范围内大力提倡勤俭，同时减少朝廷的财政支出。隋文帝统治时期，社会出现空前的繁荣，历史上称之为"开皇之治"。

下面就让我们走进博物馆小剧场，一起了解下隋文帝时期开皇之治的精髓吧！

**博物馆小剧场**　　隋文帝的致富手腕

**1** 最近遇到一件头疼的事，就是全国人口众多，却不知道具体的数字。之前国家不统一，各地区的统治者在户籍管理方面十分混乱，再加上赋税又重，百姓都不愿意"上户口"。而现在，必须要做人口登记了。

**2** 高颎知道我的想法后，想到了一个好主意——输籍法，就是由县令负责各县的人口登记，每年检查一次，查漏补缺。这方法真妙，不仅查出了很多流亡的农民，还发现了不少世家大族私自扣留的劳动力。

**3** 输籍法推广后，登记在册的人口达到了800多万人。为了消除大家的恐慌，我决定采用北齐时期的赋税法，并且多次下令减轻赋税。五十岁以上的男性要是不想服劳役，可以通过上缴布匹、棉麻等代替服役。

**4** 现在国库里的银钱多得快装不下了，但宫里的人也不能这么挥霍钱财啊。我下令把中看不中用的金银饰品全都销毁，用于军饷。然后我的吃穿用度全都从简！这下，全国人民都向我学习了！

　　隋文帝实现全国统一后，首先想到的就是迅速恢复发展经济。他采取了一系列措施，比如进行人口普查，确定全国范围内的劳动力人数。在对他们加以控制的同时，又通过减租、减税等举措稳定民心，鼓励人们积极发展生产。隋朝经济能在短时间内迅速发展起来，表明隋文帝的经济措施是行之有效的。同时，隋文帝以身作则，厉行节俭，在全国范围内形成风气，也是利国利民的。

## 历史小百科

### 以身作则的隋文帝

　　关中闹饥荒的时候，隋文帝特意微服出巡，看到当地老百姓都在吃糠咽菜。隋文帝拿着食物对大臣训责，同时责备自己治国有失。隋文帝随即下令，在饥荒的时候朝廷百官不得喝酒吃肉。

### 开皇五铢

　　隋文帝时期，为了统一货币，制作出五铢钱，并规定了铜钱的形制、重量及用料成分，严令禁止盗铸、私铸行为。五铢钱开始在市面上流通，同时禁止使用旧朝的货币。隋文帝铸造的五铢钱，又被称为"开皇五铢"。

# 第十节

## 皇位争夺战

**文物档案**

名　称：隋代十三环蹀躞金玉带

出土地：扬州市曹庄隋炀帝墓

特　点：由带扣、带銙、鞓及铊尾组成，是一种类似腰带的饰物。

收　藏：扬州市隋炀帝陵遗址博物馆

隋文帝统治后期，沉湎于声色，对于继承人的选择也摇摆不定。597年，因为三子杨俊骄奢跋扈，隋文帝将他软禁在他的王府内。随后，又因为太子杨勇作风不正，隋文帝废除杨勇太子之位，改立攻打陈国有功的次子杨广为太子。602年，四子杨秀对于杨广夺太子之位一事十分不满，联合其他人建议隋文帝废黜杨广。杨广便勾结权臣杨素，制造邪物伪证构陷杨秀。隋文帝震怒，将杨秀贬为庶人。604年，隋文帝卧病在床。杨广跟杨素商议隋文帝的后事，往来信件被隋文帝发现。隋文帝大怒，想召回杨勇，废杨广的太子之位。但杨广此时早已掌控朝政，不仅控制了拟定诏书的几位大臣，还驱走了伺候隋文帝起居的侍从。几天后，隋文帝驾崩，太子杨广继位，史称隋炀帝。

**博物馆小剧场**　杨广的步步为营

**1** 大哥竟然让所有人都看到他奢侈糜烂的生活，父皇如何能容忍！我就聪明多了，当着大家的面，我绝对是节俭的典范。趁大哥失宠，我又跑到母后跟前说大哥要杀我。哈哈，我如愿当上了太子。

**2** 四弟竟然联合其他人想夺走我的太子之位。这就别怪我心狠手辣了。我让人按照父皇的形象扎了几个小人偷偷放到四弟的屋里，又想办法让父皇发现。结果如愿成功，四弟被父皇贬为庶人。

**3** 大哥被废，四弟被贬，我的对手没了。哦，还有个三弟，不过他是最早退出这场皇位争夺战的，因为过度奢侈也早早地被软禁了。我已经没有竞争对手了。父皇生病了，我得赶紧为登基做准备了！

**4** 我正和杨素谋划接下来怎么办呢。没想到，竟然被父皇发现了我俩来往的信件。父皇想召回杨勇，废了我！哈哈，我怎么可能让到手的鸭子飞走呢？皇位只能是我的！

　　历史上，对于杨坚离世的原因众说纷纭，但不管怎样，都与杨广脱不了关系。杨广登基前给外界的印象还是优秀的、正面的。首先，在战场上，在全国的统一战争中，他立下了不少战功。而在日常生活中，杨广把自己打造成一个努力向上、勤俭朴素的谦谦君子形象，这为他夺得太子之位奠定了坚实的基础。但在皇位争夺战中，杨广又表现出了不择手段的一面。

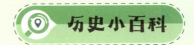

## 历史小百科

### "冰消瓦解"的典故

604年，杨广在权臣杨素的帮助下篡位称帝。许多大臣都抨击杨广的行为，汉王杨谅还起兵攻打大兴城。杨素奉命以少打多追击杨谅，逼迫杨谅投降。隋炀帝高兴地写了一封诏书，称赞杨素"所到之处，冰消瓦解"。

### 破镜重圆

乐昌公主是陈国的亡国公主，她与夫君十分相爱，却被俘至长安。分别前，两人约定每年的正月十五都在长安叫卖铜镜，铜镜一人拿着一半，到时便于两人破镜重圆。杨素听说他们的故事后十分感动，便让他们团圆了。

# 第十一节

## 有功有过的隋炀帝（一）

文物档案

名　称：隋代安济桥石栏板
出土地：河北省赵县赵州桥址
特　点：两面雕龙。正面双龙身体相向，头相背。背面两龙相对而驰，身体缠绕。
收　藏：中国国家博物馆

605年，为了发展江淮地区的漕运，加强南北之间的沟通，隋炀帝下令开凿运河。运河的工程分为四期，第一期工程开凿通济渠。同年，隋炀帝想迁都，又下诏修建东都洛阳城，将通济渠的源头放在洛阳城。每月调动两百万农民赶工，将洛水、黄河和淮河连接起来。随后的三期工程，于611年结束，整个工程历时六年。四期工程开凿了通济渠、邗（hán）沟、永济渠等，新渠连通南北水运，又连接了旧朝开凿的运河，是为隋朝大运河。其间，隋炀帝为了宣扬皇威，频繁开凿驰道，还征用百万农民修建长城、龙舟等大型工程。由于工期紧、劳役过重，劳工死伤无数。同时农民因为被迫服劳役，无法兼顾劳作，导致大量农田被荒废。

### 博物馆小剧场　河工的打工日记

**1** 一夜之间，我们这些身强体壮的农民全部被征召了，听说皇上下令开凿通济渠、永济渠，连带修筑以前的人工运河，合并成一条大运河。

**2** 我听洛阳的兄弟说，皇上要迁都，所以他们被征召到洛阳来建城。据说，总设计师宇文恺为了满足隋炀帝的喜好，把洛阳城设计得极其富丽堂皇。皇上是满意了，可是要花多少钱，耗费多少人力啊！

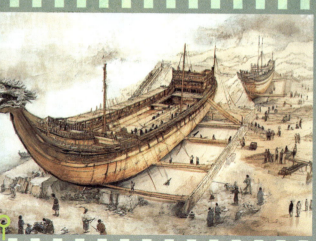

**3** 我参与的这段运河眼看就要修好了，我还幻想着马上与家人团聚呢，没想到，皇上又要修建驰道，还要造巨大的专属龙舟。我又被分配去造龙舟。这无休止的劳动什么时候到头啊？

**4** 转眼我已经离开家两年多了。我每天不停地干活，丝毫不敢停歇。稍有懈怠，那些凶神恶煞的监工就会打我们。伙伴们倒下了很多，要么是被打死的，要么是累死的。真不知道我能不能坚持到回家啊！

　　隋炀帝不惜耗费巨大的民力、财力，修建了大运河和洛阳城。大运河打通了南北水运交通，促进了南北贸易往来和文化交流，巩固了隋朝对全国的统治。由于大运河对中国南北地区的经济发展具有重大的作用，历朝历代都流传"隋朝开河，唐宋受益"的说法。但由于隋炀帝劳民伤财、奢侈过度，也为日后的亡国埋下了祸端。所以历史上对隋炀帝的评价，说他是一位有功也有过的帝王。

### 🔍 历史小百科

**什么是漕运？**

　　在古代，漕运是利用水路来运输粮食的交通运输方式，为朝廷所管控、使用。主要用来运输供给宫廷的粮食、官员的粮俸、行军的军饷，有时候也用来运输救灾的粮食。漕运的运输方式有三种：河运、水陆递运和海运。其中，水陆递运的方式为河运和陆运交替运输。

**赵州桥**

　　赵州桥原名安济桥，建成于隋朝年间，是中国现存最早、保存最完好的巨型石拱桥，也是世界上现存最早的一座敞肩石拱桥。1400 多年间，赵州桥经历多次水灾、地震和战乱，都没有毁坏。

# 第十一节

## 有功有过的隋炀帝（二）

**文物档案**

名　　称：隋代环首刀

出土地：河南省洛阳市

特　　点：刀柄上的环首为银制镀金，环饰有双龙以及火纹。

收　　藏：美国纽约大都会博物馆

611 年，高句丽国暗中勾结反隋势力，两度拒绝入隋觐见隋炀帝。隋炀帝下令讨伐高句丽，战前打造大量战船，并运输战备物资。次年，隋炀帝率领 100 余万大军从陆路出发进攻高句丽，又安排了 4 万水师走水路。对战过程中，隋军不敌高句丽大军，路上兵将折损 30 余万人，水军仅剩几千人，隋炀帝不得不无功而返。休整一年后，隋炀帝再度率军进攻高句丽，依旧是久攻不克。其间，杨素之子杨玄感起兵谋反，响应者甚多。隋军虽然压制了起义军，但也影响了对高句丽的进攻。614 年，隋炀帝第三次起兵攻打高句丽，高句丽因连年的战乱导致国库空虚，最终投降。

下面就让我们走进博物馆小剧场，一起感受下高句丽王的心路历程吧！

**博物馆小剧场**　高句丽的投降之路

**1** 听说隋朝皇帝在修战船了，准备攻打我高句丽国。原因是他几次召见我，我都没去。隋朝皇帝觉得我是要造反，他猜得没错。在隋灭陈的时候，我就做好了战斗准备，所以我积极笼络了一部分反隋势力。

**2** 隋朝皇帝竟然亲自带着百万大军来攻打我们。幸亏我的军队训练有素，而我和将领们也做了充分的战略部署。隋朝皇帝一定气得暴跳如雷，我们灭了30 余万隋军哟。隋朝皇帝落荒而逃，真解气！

**3** 没想到刚刚过了一年，隋炀帝竟然又率兵来打我们。这次他们垒了高高的土堆，要把我们生生困住。正当我一筹莫展的时候，听说隋朝礼部尚书杨玄感造反了，隋朝皇帝火急火燎撤了兵。真是有惊无险啊！

**4** 坏消息，隋朝皇帝又来攻打我国了！隋朝的军饷是大风刮来的吗？打了好几年，我们的国库已经见底儿了。唉，认输吧。不过我相信，隋朝皇帝这么兴师动众，隋朝内部肯定会出问题的。

　　隋炀帝三次攻打高句丽，耗费了大量的财力、人力和时间，最终虽然征服了高句丽，但自己也是损失巨大，可谓得不偿失。隋炀帝进攻高句丽的战争，先后动用人力数百万，征调财物、粮食无数，数不尽的士兵死于战场，而且大量民夫死于劳役。战争期间，由于农村极度缺乏劳力和耕畜，使得大量土地荒芜，不仅社会经济受到重创，人们也难以维持生计，由此导致大规模农民起义爆发。

## 历史小百科

### 隋朝的具装骑兵

　　在隋朝，人和马都披铠甲的骑兵被称为具装骑兵。他们大多数是关中人，身体十分强壮。具装骑兵按装备特点又被分为铁具装和兽纹具装两种，其中，铁具装骑兵披的是铁制成的硬甲，兽纹具装骑兵披的是野兽皮制成的软甲。

### 神鸟对高句丽人的影响

　　在古代的神话传说里，有一种驾驭太阳车的神鸟，叫"三足乌"。尚武好战的高句丽人尊崇三足乌，把它看作最高权力的象征，代表着拥有源源不断的力量。在高句丽的古墓壁画中，常常有三足乌的形象存在。

# 第十二节

## 隋末瓦岗军起义

**文物档案**

名　称：隋末李密墓志铭

出土地：河南省浚县

特　点：由青石料制成，所刻篆书铭文由唐朝名臣魏徵撰写。

收　藏：河南博物院

614年，由于隋炀帝暴政，民间各地频频爆发农民起义。农民起义军领袖翟让在瓦岗寨联合各地农民组成的瓦岗军，发展迅速，相继攻下郑州、商丘等郡县，不仅缴获了大量的武器装备，还截断了大运河。瓦岗军在大运河拦截货船，以打劫的方式获得前期的战备物资。次年，瓦岗军成功击退隋军的围剿，势力进一步发展壮大。616年，曾联合杨玄感反叛的贵族李密加入瓦岗军。在李密的组织下，瓦岗军抢占了洛口仓，得到大量粮食物资。与此同时，河北、江淮地区分别被不同的起义军占领。617年，瓦岗军内部发生分裂，力量被削弱。而贵族李渊在晋阳起兵，不久后攻入长安，拥护隋炀帝的孙子杨侑（yòu）为帝。

 **博物馆小剧场**　瓦岗军的崛起与失败

**1** 我原本是瓦岗寨一名普通的农民，因为隋炀帝暴政，逼得我走投无路，不得不加入翟让组织的瓦岗军。我们通过在通济渠抢劫船只获取物资。之后一路发展都很顺利，还攻下不少的郡县呢。

**2** 我听说组织里来了一位大人物，是隋朝的贵族李密。他曾经在杨玄感起兵事件中帮忙出谋划策。李密来了之后，就带领我们抢占了洛阳仓，收缴了大量粮食。哇，他果然非同一般。

**3** 随着我们的势力逐渐扩大，领导层出现了很大分歧。李密抢占洛阳仓有功，又拉拢了不少隋朝降官，成功逼迫翟让退位。但是，翟让的旧部根本不听他的指挥。很明显可以感觉到，我们瓦岗军不那么团结了。

**4** 就在瓦岗军走向分裂的时候，由隋朝贵族李渊率领的起义军不仅打入了长安，还拥护杨侑为新帝。我和几个兄弟决定离开瓦岗军，投靠李渊。对于我们来说，谁能解救我们，我们就跟谁。

　　隋炀帝在位期间，不惜民力、物力大肆修建土方工程，还频繁发动战争，导致民不聊生，社会矛盾激化。瓦岗军作为农民起义军中发展最为迅速的一支队伍，历时 8 年，攻占多个郡县和洛阳仓，参与农民超百万。瓦岗军为推翻隋炀帝残暴统治做出了极大贡献，但因内部分裂日渐衰弱。面对动荡局势，由于隋炀帝轻视起义军的力量，最终被李渊趁虚而入攻入长安，另立新帝。

### 历史小百科

#### 瓦岗寨的由来

　　瓦岗寨临近黄河流域，南部与通济渠相邻，地理位置优越，进退方便。由于水灾频繁，瓦岗地区荒草丛生，人烟稀少，非常适合埋伏和隐蔽。农民起义军会集于瓦岗寨，瓦岗军中涌现出众多英雄好汉，使得瓦岗寨声名大噪，被誉为"隋唐风云第一寨"。

#### 罄竹难书

　　李密加入瓦岗军后，很快成为起义军首领之一。为了声讨隋炀帝，李密发布了讨伐檄文，历数隋炀帝十大罪状。文章中提到"罄南山之竹，书罪未穷"，意思是隋炀帝的罪行极多，即使用尽南山的竹子也写不完。这句话后来被引申为成语"罄竹难书"，形容罪行多得写不完。

# 第十三节

## 隋朝的灭亡

### 文物档案

名　称：彩绘甲骑具装俑

出土地：扬州市曹庄隋炀帝墓

特　点：武士坐马披铠甲，形态逼真，但是制作粗糙。

收　藏：扬州市隋炀帝陵遗址博物馆

617年，隋炀帝在江都避难时，见长安局势动荡，决定在丹阳（今江苏南京）修建宫殿，然后迁都丹阳继续享乐。618年，卫兵将领元礼等人发动兵变，推举宇文化及为首领。宇文化及派人刺杀了隋炀帝，并拥立隋炀帝之孙杨浩为傀儡皇帝。此时，越王杨侗（tóng）仍在洛阳留守，贵族王世充得知杨浩登基后，当即拥立杨侗为帝。数月后，李渊逼杨侑禅位，建立唐朝。同年，宇文化及被李密军队击败，挟持杨浩逃窜至魏县。不久后，宇文化及见其他势力都已称帝，便毒死杨浩，自立为帝，国号许，年号"天寿"。619年，王世充逼迫杨侗禅位称帝，国号郑，年号"开明"。至此，隋朝最后的三大傀儡政权全部覆没。

## ◉ 博物馆小剧场　隋朝的政权更迭

1　这天下真的乱套了！谁也没想到，晋阳的李渊竟然把长安攻占了，还立了皇上的孙子杨侑为帝。天啊，一个天下怎么能有两个皇上？不过我们身在长安，也只能听李渊的了。

2　都城都被占领了，太上皇竟然一点不着急，还想着去丹阳继续享乐呢。他派自己的卫兵前往丹阳修筑宫殿，卫兵们对此极其不满，发动了兵变。据说，卫兵首领宇文化及把太上皇杀了，立杨浩为帝。

**3** 我们长安的皇上是杨侑，江都的皇上是杨浩，百姓正不知道听谁的命令好的时候，洛阳的贵族王世充竟然又拥护杨侗为新帝。这天下真的四分五裂了。

**4** 本以为三个皇帝就够乱的了，没想到很快局势又大变了。李渊逼迫杨侑禅位，自己当了皇帝，建立唐。好吧，我以后就是唐人了。接着宇文化及和王世充也不示弱，先后称帝。这是回到三国时代了吗？

隋朝末年天下大乱，先后出现了三位新帝，而三位皇帝坐拥的都是傀儡政权，分别受控于李渊、宇文化及和王世充。有人认为隋朝灭亡于 618 年，原因是这一年李渊创立了唐朝。有人认为隋朝灭亡于 619 年，因为李渊称帝时隋朝还存在着最后一个皇帝。其实，两个说法都有道理，隋炀帝死后，隋朝已经名存实亡，但根据朝代传承延续的历史，说 618 年更为准确。

## 历史小百科

### "雀屏中选"的故事

窦皇后没出嫁的时候，她父亲窦毅替她招亲，画了两只孔雀在屏风上面，让求婚的人各射两箭。窦毅心里定下一个标准，谁能射中孔雀的眼睛，就把女儿许配给谁。射箭的人很多，只有唐高祖李渊射中了孔雀的两只眼睛。于是，窦毅把女儿许配给了李渊。

### 宇文化及和李密互相劝降

宇文化及挟持杨浩来到黎阳，遇到了李密的军队。宇文化及原本想劝降李密，没想到李密对着宇文化及骂道："你的家族是奴隶出身，隋文帝赐予你们荣华富贵。现在你不仅亲手杀了皇帝，还残害无数隋朝百姓。你赶紧投降吧，我好留你一命！"宇文化及听完，灰溜溜地走了。

# 第二章

## 如烟花般绚丽的唐朝

# 第一节

## 建立唐朝，打造李唐天下

**文物档案**

**名　称：** 唐代《晋祠之铭并序》碑

**特　点：** 李世民御制御书，记述了李渊、李世民父子起兵太原建立唐朝的过程，歌颂唐叔虞兴邦建国的德政等。

**收　藏：** 太原市晋祠景区博物馆

隋朝末年，隋炀帝暴政导致民不聊生，各地相继爆发农民起义。617年，太原留守、唐国公李渊之子李世民联合晋阳县令刘文静等人密谋起兵，并劝说李渊领导起义军。李渊在晋阳发布檄文讨伐隋炀帝，并发动三万士兵正式起义。李渊起兵西进，因隋军大部分被隋炀帝调去江都，关中军事实力薄弱，李渊的军队一路上战无不胜，其中李世民表现得最为勇猛。李渊占领大兴城后，尊隋炀帝为太上皇，拥护隋炀帝的孙子杨侑为帝，史称隋恭帝。李渊自任大丞相，随后又晋封为唐王。618年，宇文化及率领关中军队发动兵变，在江都杀死隋炀帝。随后，隋恭帝被迫禅位给李渊。李渊在大兴城称帝，定国号为大唐，定都大兴城，并易名长安，史称唐高祖。

## 博物馆小剧场　开国皇帝的心路历程

**1** 最近天下不太平，到处都是兵变，我在晋阳留守得战战兢兢。而我的二儿子李世民野心勃勃，他不仅到处结交有识之士，还招募降兵。不久后，世民便劝说我趁势起兵谋反。这会不会有点大逆不道？

**2** 眼下只有两条路，要么举报自己的儿子，要么起兵反隋。犹豫再三，我决定招兵买马在晋阳起兵。隋军大部分都在江都的皇上身边，而中原地区瓦岗军又牵制住了大部分隋军，所以直取长安最合适。

**3** 我的军队成功打进长安，许多人劝我称帝，我却怕背上谋权篡位的骂名，便拥护隋炀帝的孙子杨侑当皇帝。不过，虽然杨侑是皇帝，但大权掌控在我的手里，所以不当皇帝也没什么。

**4** 就在我以为大局已定的时候，江都的宇文化及为了自己当皇帝，竟然杀掉了杨广。这可真是天助我也！这回谋权篡位的骂名有人背了，我还有什么可担心的？所以，我逼迫杨侑让位给我。哈哈，我也当皇帝啦！

　　唐朝因为皇帝姓李，又被称为"李唐"。李渊之所以起兵反隋，离不开他的次子李世民的推动，这在史书上其实是有记载的，"高祖起太原，非其本意，而事出太宗"，其中的"太宗"就是李世民。因此，唐朝的建立，李世民功不可没。当然，追根究底，隋炀帝的暴政才是反隋力量崛起，以及隋朝灭亡的根本原因。

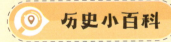

历史小百科

### 李渊的小心思

　　晋祠是为纪念春秋时期周朝诸侯国——唐国的始祖唐叔虞建造的。李渊在太原起兵时，专程带领在太原附近招募的3万兵马到晋祠祭拜，希望能得到唐叔虞的神助。李渊建国后，把国名定为唐，一是为了感谢唐叔虞对他的庇佑，二是期望大唐王朝可以像周朝那样承受800年的天运。这些内容在李世民的《晋祠之铭并序》中有所提及。

### 唐公阿婆的由来

　　隋朝时期，隋炀帝见李渊脸上皱纹很多，嘲讽李渊是"阿婆面"，即面相看起来很老的意思。妻子窦氏听说后，却高兴地说，李渊是唐国公，"唐"即"堂"，而"堂"又有正统的意思。李渊被隋炀帝称为"阿婆面"，就说明李渊是"唐"的老祖宗，要开辟新朝代。

# 第二节

## 巩固国防的虎牢关之战

唐朝刚建立的时候，有两大政权威胁着唐朝的政权。它们分别是王世充在洛阳建立的郑国，以及窦建德在河北建立的夏国。为统一全国，唐高祖李渊决定出兵讨伐，先郑后夏，逐个击破。620年，李世民奉命攻打郑国，他亲自挑选三千多精兵前往洛阳。

621年，王世充的运粮军队从虎牢关行至洛阳，被李世民派人拦截。之后，李世民率军包围洛阳城。由于王世充防御严密，李世民的军队久攻不下。占据河北的窦建德接连收到王世充的求助，担心王世充被打败后唇亡齿寒，于是他率十几万军队支援洛阳。李世民周旋作战，在虎牢关设伏，反以数千精锐骑兵一举击溃夏军，将窦建德俘获。无奈之下，王世充投降。

### 博物馆小剧场　虎牢关战役始末

**1** 父皇让我率兵征讨王世充。这可是让我从众多皇子中脱颖而出的机会，我一定要把握住。为了确保强大的战斗力，行军前，我特意从骑兵中挑选出1000名精锐，组建成玄甲军。

**2** 我得到情报，王世充派了他儿子从虎牢关运输粮食。所以我直接率军拦截了这支粮队，收缴了大量的粮食。据说，自从被我们抢了粮食，洛阳城的人饿得甚至吃土。王世充确实不简单，即便这样，我仍然没把洛阳城攻下。

**3** 就在我想着怎么尽快攻下洛阳城的时候，河北的窦建德竟然率领十几万军队来攻打我。我现在只有几千人马，直接对阵他的十几万人马，感觉没什么胜算。

**4** 好在我擅用侧面突击，再加上虎牢关险峻的地形优势，才一举击溃了窦建德的大军。等我扭头再打洛阳城的时候，王世充干脆直接投降了。哈哈，经过虎牢关一战，全国上下还有谁不知道我秦王李世民的名号？

　　虎牢关战役中，李世民运用闪击战、迂回作战、侧面伏击等多种方式出击，以少胜多，不仅展示出其卓越的军事能力，也因此名声大噪。当然啦，并不是真的只有3000唐兵攻打郑、夏两国，地方官员也会派兵协助，只不过主力军是李世民的玄甲军精锐。虎牢关战役一举消灭了郑国和夏国两大势力，直接促成了唐朝的统一，可以说是唐朝众多战役中最重要的一次。

### 历史小百科

#### 飒露紫石刻的由来

　　飒露紫是李世民随父亲起兵反隋的过程中，陪他征战疆场的宝骏之一。620年，李世民在邙山平定王世充势力时，与大部队失散。因飒露紫中箭，使得李世民陷入王世充大军的包围中。危急时刻，随行的大将邱行恭把自己的坐骑让给李世民，并舍命保护李世民。后来，为了表彰邱行恭，李世民特意把邱行恭为飒露紫拔箭的瞬间记录在石刻上，这也是昭陵六骏石刻中唯一有人物的。

#### 唐高祖的意外收获

　　唐高祖担心唐军在攻打郑、夏两国时，会有其他势力趁火打劫，便派出一支精锐部队南下。南边有萧铣建立的梁国，虽然实力远远不及郑、夏两国，但也是一个不容小觑的存在。因此，唐高祖派人兵分三路，目的是骚扰并拖延萧铣的军队。其中有一支由李靖率领的队伍尤为骁勇，打得萧铣开城投降。如此一来，唐朝又多了十几万精兵。

# 第三节

## 玄武门之变（一）

**文物档案**

**名　称：** 唐代《十八学士图》局部

**特　点：** 绢本，唐代画家阎立本所绘，内容为李世民所建的文学馆内十八位学士的形象。

**收　藏：** 中国台北故宫博物院

在唐朝建立的过程中，李世民是最早说服李渊起兵的，并先后在灭隋和唐朝的统一战争中立下卓越战功。唐高祖李渊曾许诺李世民为太子，结果却因为保守的嫡长子继位观念，立了大儿子李建成为太子。621 年，李世民因征战虎牢关有功，被唐高祖封为天策上将，职位在众王公之上。随后，唐高祖又特许天策府招揽能臣贤士。于是，李世民开设了文学馆，四处招收有才学的人入馆。房玄龄、杜如晦等十八学士，还有秦叔宝、程咬金等骁勇虎将，都是这个时候被纳入麾下的。而太子李建成由于品行不端，经常遭到唐高祖训斥，并让唐高祖有了改立太子的想法。为了保住太子之位，李建成笼络四皇子李元吉密谋除掉李世民。

**博物馆小剧场**　　厚积薄发的李世民

**1** 想当初，我全力支持父皇起兵，更是拼死拼活地参与到灭隋和统一战争中。父皇答应过我，会立我为太子。谁知道，他最终还是根据嫡长子继承制度立了大哥建成为太子。我不甘心啊！

**2** 因为我打败了郑国和夏国，实现了全国的统一，父皇封我为天策上将，职位比其他皇子都高。父皇还破例允许我招收能臣贤士。我知道父皇是在补偿我，但这可满足不了我。我会抓住一切机会拿回属于我的皇位。

**3** 我在天策府设立了文学馆，招收了许多有才学的人。这些人表面上读书、聊文学，实际上不断地帮我出谋划策。尤其是房玄龄、杜如晦、秦叔宝这样的文臣武将加入，让我的信心倍增。

**4** 就在我的名望越来越高，实力越来越强劲的时候，太子却表现得越发不尽如人意。我听说，父皇最近经常训斥他。再加上有人提醒我，说太子最近与四弟元吉走得很近。我有预感，我的时机就要来了！

秦王李世民为唐朝的建立和统一立下赫赫战功，但是唐高祖李渊并没有兑现承诺立他为太子。而李世民在朝廷和百姓中的威望都很高，引起了太子李建成的不安。再加上李建成不思进取，经常被唐高祖批评，对李世民来说，这既是难得的机遇，也是挑战。李建成与李元吉蠢蠢欲动，李世民会如何应对呢？结局又如何？要想了解更多，继续看下去吧！

## 历史小百科

### 文学馆也有值班制度

文学馆开设在长安城里，共设十八学士，包括王府属杜如晦，记室房玄龄、虞世南，文学褚亮、姚思廉，主簿李玄道，参军蔡允恭等人。十八学士被分为3组，每组有6人，每天安排1组人在文学馆值班。值班的学士常常讨论政事、典籍，有时也与李世民对弈。因此，被李世民选入文学馆也被形象地称为"登瀛洲"。

### 李世民对部下的考验

李世民以礼贤下士闻名于世，但偶尔也会对自己的部下起疑心。李世民曾经对尉迟敬德说："有人说你想造反。"尉迟敬德没有马上回答，而是脱了自己的上衣，向李世民展示身上因为义无反顾、舍身忘死地投入战斗而留下的伤痕。如此一来，李世民便彻底消除了对尉迟敬德的疑心。

# 第三节

## 玄武门之变（二）

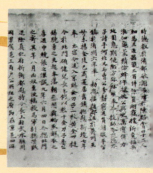
随着李世民的威望和成就越来越高，他与太子李建成的对峙日渐白热化。宰相裴寂等人站队李建成和李元吉。房玄龄、尉迟敬德等人追随李世民。宰相陈叔达、权臣长孙无忌等人暗地里支持李世民。其余人则保持中立态度。626 年，突厥进犯唐朝边境。李建成向唐高祖提议由李元吉率军攻打突厥，企图以此控制部分兵权，并借送别李元吉的时机，设下埋伏击杀李世民。结果李世民安插在李建成府中的眼线，将这一计划告知了李世民。李世民便进宫跟唐高祖告状，请求唐高祖次日让他们三人在宫里对质。之后，李世民在李建成和李元吉回宫的路上，也就是玄武门附近设下埋伏，将二人双双射杀。这就是玄武门之变。两个月后，唐高祖让位给李世民。李世民登基，次年改元贞观，史称唐太宗。

### 博物馆小剧场　李世民夺权四部曲

**1** 大哥请我到东宫喝酒，我觉得奇怪，他从没请我喝过酒，但又不能不去。酒桌上，他亲自给我倒酒。喝了几杯后，我感到一阵腹痛，还吐了血！幸好太医及时赶到，我才捡回一条命。

**2** 李建成不仅对我下手，还残害我身边的人。尉迟敬德因为不肯收下贿赂，半夜遭到了行刺。幸好尉迟敬德早有准备，床边放了长矛，吓退了刺客。李建成的不择手段，只会让更多的人投奔我。

**3** 突厥侵犯唐朝边境，原本应该让我带兵出征。李建成却提议让李元吉去，还请求父皇把尉迟敬德、秦叔宝、程咬金以及我府里的精兵都交给李元吉指挥。他这招调虎离山，怎么可能瞒得过我？

**4** 我安插在李建成府里的内应告诉我，李建成准备暗杀我。我在回宫的必经之路玄武门附近设下埋伏，然后进宫找父皇告状，让父皇紧急召他们进宫。这下，我一举除掉了两大障碍。

　　李建成为了保住太子之位，三番五次想要除掉李世民，但因为李世民的帮手太多，最终都失败了。而李世民的反击就是夺权。李世民在玄武门设下埋伏，残忍杀害了两个兄弟。这说明古代的政治斗争是十分残忍的，即便是至亲兄弟，也会成为政治的牺牲品。李世民铲除了异己，如愿登基，他又会做出什么惊天动地的大事呢？

## 历史小百科

### 箭术高超的李世民

　　李世民年轻的时候力气特别大，而且箭术高超，经常随身携带着一张两米的巨阙（què）天弓。有一次，李世民跟一名骑兵侦察敌情，不巧被敌军发现了。敌军把他们二人团团围住。生死关头，李世民一个人左右开弓，射出去的箭百发百中，最终逃出生天。

### 李建成的谥号

　　在古代，生前地位较高或做出过巨大贡献的人，死后会被追封谥号。其中，谥号分为"美谥""恶谥""平谥"。李建成去世后，礼部提议给李建成的谥号带"戾"字，追封恶谥。唐太宗否决了，最终选择"隐"字，作为平谥。意思是，李建成作为嫡长子出身显赫，却一事无成。

李建成墓志铭

# 第四节

## 屈辱的渭水之盟

**文物档案**

**名　称：**《便桥会盟图》

**特　点：** 元代画家陈及之创作的纸本白描画，描绘了唐太宗与突厥颉利可汗在渭水便桥修好的历史事件。

**收　藏：** 北京故宫博物院

626 年，突厥得知唐朝玄武门之变，政权根基不稳，趁机发兵来袭。突厥军一路南下，一直打到都城长安附近的泾州。唐太宗派出武将尉迟敬德，统率人马应战。尉迟敬德与突厥军在泾阳交战，生擒一名将领，击杀骑兵一千余人。然而，突厥军十余万精兵势不可挡，主力军抵达渭水河畔，直逼都城长安。此时的长安战备不足，百姓恐慌不堪。于是，唐太宗亲自带领房玄龄等六名高级官员来到渭水河畔，隔着渭水与突厥的颉利可汗交谈。唐太宗言辞犀利，指责颉利可汗不守约定，背信弃义。此时，唐军大部队赶到唐太宗的身后支援，颉利可汗不敢轻举妄动，便答应和解。双方在渭水桥上签下了和平协议，并且斩杀白马，立下盟约。之后，颉利可汗如约率十余万精兵折返，避免了一场大战。

### 博物馆小剧场　　唐太宗的第一次外交

**1** 我终于如愿坐上了皇位，但我付出的代价并不小。我和李建成争斗留下了不少烂摊子，还等着我去收拾呢。谁承想，突厥竟然趁我政权不稳，发动大军打了过来。他们还真懂得见缝插针啊！

**2** 突厥军一路打到泾水，我赶忙派尉迟敬德率军前去迎战。此时我所能调动的兵力十分有限，尽管尉迟敬德以一当十，但仍然没能拦住十几万的突厥军。眼看着他们到达渭水，离长安城越来越近……

**3** 最终，我力排众议亲自到渭水与颉利可汗洽谈。我只带了房玄龄等六名大臣前往，隔着渭水跟颉利可汗商量。说是商量，其实是打口水战。当年高祖曾经和突厥定下盟约，现在他们不守约定，就是理亏的一方。

**4** 我知道不能只靠嘴仗，实际上我是在为大部队赶回来拖延时间。原本颉利可汗还不想与我订立盟约，但是看到我军大部队穿着金装铠甲站满了河岸边，最终答应跟我签订盟约，很快退了兵。

突厥在南北朝时期崛起，隋文帝时期，唐国公李渊奉命征讨突厥。李渊太原起兵前，曾与突厥达成和平共处协议，因此唐太宗认为这次突厥起兵是背信弃义。渭水之盟是唐太宗在与突厥关系上的一次险胜，避免了一场时机不利的战争，巩固了唐朝的根基，为后续唐朝的发展赢得了宝贵的时间。渭水之盟是唐初的一次重要外交活动，为唐朝与周边游牧民族的和平交往开创了先河。

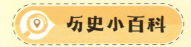
## 历史小百科

### 盟誓为什么要斩杀白马？

在中国古代，马有着重要的地位。它不仅是交通和运输工具，更是军备物资之一。古时候以黄色和黑色的马为主，数量稀少的白马被认为是龙在人间的化身。因此，在约定盟誓时，古人就会以斩杀白马为重要的仪式。

### 渭水之盟

渭水之盟又称为"便桥之盟"，是唐朝为数不多的屈辱盟约。隋末李渊起兵时，曾向突厥称臣，以获得支持。唐太宗继位后，突厥以兵力要挟，让唐朝再度向突厥称臣。唐朝被迫继续称臣，并进献大量金银珠宝，才达成互不干扰的和平协议。

# 第五节

## 唐太宗的贞观之治（一）

**文物档案**

名　称：唐代贴金彩绘釉陶文官俑

出土地：陕西省咸阳市礼泉县张士贵墓

特　点：运用写实的手法刻画文官形象，头戴进贤冠，多处有贴金。

收　藏：昭陵博物馆

　　贞观初年，民间人口不足 300 万，由于隋朝末年战争不断，死于战争和逃难的人数过多，再加灾荒频繁，百姓生活十分困苦。唐太宗即位后，经常以隋朝的灭亡自省，自身厉行节俭，注重政治的廉明。为了选拔人才，唐太宗延续并改良了隋朝的三省六部制、科举制等制度。唐太宗任用贤才，不在意官员的出身，鼓励官员积极进谏。在官员的考核方面，唐太宗任命李靖等为黜陟使考察地方官员，又亲自选拔都督、刺史等职位高的地方官。同时，唐太宗重视百姓的生活和生产。为了保障农民的生产积极性，唐太宗沿用了隋朝的均田制和租庸调制，并进行了适当的改革，减轻农民赋税和劳役的负担。

　　下面就让我们走进博物馆小剧场，一起了解贞观年间国内的政策吧！

## 博物馆小剧场　唐太宗的英明统治

**1** 皇上大力推行科举制度，来报名的却多数是些好吃懒做的纨绔子弟，他们办事态度敷衍、不认真，天天想着玩乐。值得庆幸的是，皇上颇具慧眼，更看中真正有才能的寒门子弟。

**2** 很多官员别看平时能言善辩，却不敢在皇上面前说话。我告诉皇上，做君主要兼听则明。皇上采纳了我的意见，鼓励大家多提宝贵意见。我身先士卒，一个人提了两百多条意见。

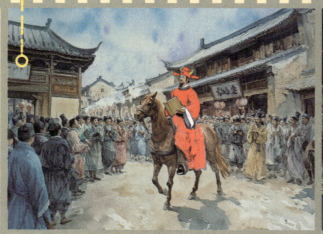

**3** 皇上让房玄龄负责裁减不称职的官员，让李靖等人作为黜陟使审查全国官员，奖励做得好的官员，惩罚贪官污吏。同时，把各地方的相关情况也能一起调查了。这可是大好事啊！

**4** 皇上刚登基那几年，赶上了闹灾荒，农民没饭吃，还得上缴赋税。皇上先开仓济民，帮农民渡过艰难时期，再通过均田制和租庸调制，平衡赋税和劳役这个杠杆。皇上太明智了！

　　唐太宗李世民吸取了隋朝灭亡的教训，通过科举取士、任人唯才的举措，缓和了平民与贵族之间的阶级矛盾。唐太宗在位期间，出现了许多的名臣，比如房玄龄、杜如晦、魏徵。唐太宗将均田制和租庸调制结合起来，减轻了农民的负担，促进了经济的繁荣。唐太宗采取的一系列举措，使得国内的局势稳定下来，实现了政治、经济、文化等各方面的繁荣，史称"贞观之治"。

## 历史小百科

### 租庸调制

　　唐朝规定，每个 10 岁到 60 岁的男性都可获得朝廷分配的 100 亩土地，由他们耕种。租庸调制，指的是成年人要履行的三项义务。租，指的是每年要缴纳 240 斤的谷子，作为田租；庸，指的是每年为朝廷服役 20 天；调，每人每年纳绢二丈，棉二两；不产绢、棉的地方，交纳布二丈五尺和麻三斤。要是出现天灾，视情节严重而减免租庸调。

### "房谋杜断"的典故由来

　　唐太宗和文臣房玄龄谈论国事时，房玄龄总是侃侃而谈，提出许多建议和办法，但谈到具体采用哪一个，又不能完全确定。这个时候，唐太宗就会找到杜如晦，让他一起商量。杜如晦稍微分析过后，就能做出最佳的判断。两人一个善于提议，一个善于决策，所以被称为"房谋杜断"。

# 第五节

## 唐太宗的贞观之治(二)

贞观年间，唐太宗凭借国家军事实力强盛，多次出兵，先后平定了突厥、回纥，打败了高句丽等，被广大的北方少数民族首领尊称为"天可汗"。为了方便管理西域各国，唐太宗在漠北和漠南地区设立安西、安北、安东、安南、单于、北庭六大都护府。

唐太宗十分重视对外贸易的发展，执行开明和善的对外政策。在处理少数民族关系时，对少数民族采用怀柔政策，用柔和的手段笼络周边民族。唐太宗不仅沿用了汉朝时期开辟的丝绸之路，还降低了外邦人进关的门槛，以方便东西方商贸往来。由于东西往来交通便利，唐太宗又派遣使团出使日本等国，使大唐国威远播。

### 博物馆小剧场　唐太宗外交日记

**1** 西域各部族又来骚扰大唐边境了，还把丝绸之路给截断了！之前一直隐忍，因为国内闹灾荒，没有足够的粮食供应，再加上我刚登基根基不稳。现在国家实力强盛了，我岂能任由他们放肆？

**2** 本来边疆就多异族人，对大唐的归属感不强。西域各部族就笼络这些人，以套取军事机密。边境的士兵也多数是异族人，跟各部族还有祖上的渊源，面对他们的冒犯姑息纵容。但我怎么能容忍大唐领土被侵犯？

**3** 他们果然都是纸老虎，打几下就投降了，对我俯首称臣不说，还尊称我为"天可汗"。仅凭他们口头臣服怎么行？我在西域设立了 6 个都护府。以后他们想做任何事情，必须经过都护府批准。

**4** 我支持外邦人到大唐来交易，还降低了他们入关的门槛。各邦人可以在大唐过夜，大唐人也能在外邦留宿。随着丝绸之路的车队络绎不绝，我大唐的经济真是越来越发达呀！

在民族关系上，唐太宗采用刚柔并济的方法，对于蛮横的部族，通过强大的军事力量，平定边境的骚乱。而对于友好的部族，采用怀柔的政策。他不仅加强了对西域的管理，还修建丝绸之路，鼓励发展对外贸易。唐太宗积极发展与周边各国外交，促进了中外交流与往来，使得唐朝文化流传四方，"唐人"开始在世界历史上占据重要地位。

 **历史小百科**

唐朝北庭都护府遗址

### 三彩釉陶载乐骆驼的由来

在唐朝，有很多西域的乐师和歌者住在长安。他们带来了西域的乐器和杂技表演，除了自己演出之外，也能花钱雇演。三彩釉陶载乐骆驼文物中，中间的胡人在跳舞，其余四人演奏，生动地再现了西域的杂技表演。

### 都护府

都护的"都"是全部的意思；"护"指带兵监护。"都护府"一词源于西汉时期，府内设置都护、副都护、长史、司马等职位。在唐朝，都护的职责更为广泛，是区域内最高权力机构。在都护府管理的辖区内，各藩凡是要对军民进行"抚慰、征讨、叙功、罚过"等举动的，都需要经过都护府的批准。

# 第六节

## 文成公主和亲

**文物档案**

名　称：唐代《步辇图》

特　点：唐代画家阎立本绘制。描绘了吐蕃王松赞干布派禄东赞到大唐迎娶文成公主，朝见唐太宗的场景。

收　藏：北京故宫博物院

638 年，吐蕃松赞干布以珍宝作为聘礼，请求迎娶唐朝公主。唐太宗将一个宗室之女封为文成公主，嫁给松赞干布。641 年，文成公主从长安出发，翻过日月山，最后到达拉萨。文成公主的陪嫁物中有书籍、金玉饰物、绫罗绸缎、治病医方、作物种子等等。松赞干布迎娶文成公主后，为其修建了布达拉宫。布达拉宫有 1000 间宫室，占地面积达到 36 万余平方米，规模十分宏大。文成公主在西藏热爱并尊重吐蕃人民，致力于推动吐蕃的文化进步，鼓励吐蕃人到中原内地学习文化并和中原进行贸易往来。同时，文成公主让一同入藏的唐朝文官主笔，协助整理吐蕃的书籍文献，帮助吐蕃文化走出原始社会阶段。自从文成公主入藏后，吐蕃和中原之间的商贸往来持续了 200 多年。

**博物馆小剧场**　　文成公主入藏日记

**1** 我本是宗室之女，听说吐蕃的赞普向我朝求娶公主。皇上把我封为公主，让我与赞普和亲。不知道是不是为了弥补我，皇上给我的陪嫁物品应有尽有，还有庞大的陪嫁队伍。

**2** 从长安到拉萨，路途遥远不说，我还起了高原反应。大唐的御医束手无策，而藏医很快便治好了我。一路上我们越过了大漠、雪山，每到一个地方，总有载歌载舞的藏民欢迎我。虽然语言不通，但我能感受到他们对大唐的敬仰。

**3** 我终于见到了松赞干布。他非常喜欢我，专门为我修建了宏伟的布达拉宫。我的饮食用度还跟在大唐时一样，这减轻了我离家的忧愁。松赞干布也穿上了大唐的衣服、吃起了大唐的食物。

**4** 我发现吐蕃的发展还处于原始社会阶段。为了让他们尽快发展起来，我努力促进吐蕃与大唐的文化交流，陆续引进大唐先进的农业、纺织、造纸、制陶等技术，以及科技、医学等知识。

文成公主入藏后，带去了唐朝发达的技术，比如医术、纺织术、种植术等，帮助藏民提升落后的生产力。同时，文成公主带去的书籍，也传播了汉族文化，提高了藏族人民的文化水平。不只是藏族单方面受益，在这期间，藏族文化、工艺、作物等也传入中原，进一步提升了两地的文化交流和经贸往来。在数百年间，两地往来的商队络绎不绝。文成公主和亲的故事流芳千古，至今仍被人们津津乐道。

## 📍 历史小百科

### 日月山的传说

相传，文成公主来到赤岭山时，登上山顶远眺。这时，文成公主突然很想家，想起临行时皇后送了一面日月宝镜，说是能看到长安和母亲，便取出日月宝镜。果然，她从镜子里看到了长安和母亲。文成公主一时激动不已，竟失手摔碎了日月宝镜，宝镜转眼便消失不见了。自此，这座山便被叫作日月山。

### 吐蕃的赭面习俗

赭（zhě）面的意思是用赤色的颜料涂脸，是吐蕃最为流行的妆容。吐蕃赭面妆容主要有两种，一种是全脸涂成朱红色，另一种是只涂眉心、鼻梁和下颌。由于文成公主害怕吐蕃人赭面，松赞干布便下令禁止吐蕃人涂脸。

# 第七节

## 西行取经的玄奘

**文物档案**

名　称：唐代玄奘题名石佛座
出土地：陕西省铜川市玉华寺遗址
特　点：底座方形，上有莲花座，莲花座中间的长方形凹槽用于安置佛像。
收　藏：中国国家博物馆

　　626年，天竺高僧来长安讲经。僧人玄奘听了之后，认为国内的佛教经论各有不同，各僧人之间的说法也不同，因此想统一国内的佛学思想。627年，玄奘从长安出发，前往天竺取经。历经5年，西行5万里，玄奘于631年来到天竺佛教最高学府——那烂陀寺，潜心学习佛教经书，很快成为有名的佛学大师。645年，玄奘历经十余年的学习，带着650多部佛经回到长安城，被唐太宗接见，自此便在长安主持翻译经书的工作。玄奘先后翻译出经书75部1335卷，还把《老子》翻译成梵文，传入印度。646年，玄奘将西行取经的经历口述出来，由弟子们写成《大唐西域记》。书中记载了玄奘曾游学过的100多个国家和地区，其中提及当地的地理信息和人文风俗，是古代中外文化交流史上的佳作。

 **博物馆小剧场**　　玄奘西行记

**1** 我13岁就入了佛门。这些年来，我在大唐各地游学，学到的佛法都不太一样。自从听了天竺来的高僧讲经，我发现天竺才是佛教的圣地。可是，我申请去天竺学习佛法时，却被朝廷拒绝了。

**2** 长安遇到灾年，皇上支持百姓自寻出路，允许难民出国。我便冒充难民从长安出发，经过敦煌，后辗转来到天竺。历经5年，我终于来到了天竺最大的佛寺那烂陀寺。这里有大量的经书，我开始潜心钻研。

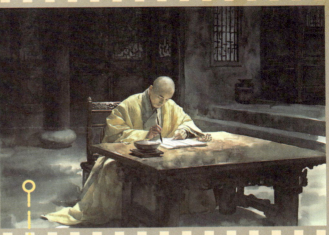

**3** 多年的潜心苦读并没有白费，我在与其他佛学大师的辩论中屡屡获胜。印度人崇尚佛教，十分尊敬我这种熟读经书且有独到见解的人。我的名望越来越高，我开始在印度周边游历，宣扬佛法。

**4** 在天竺游历了整整 17 年后，我把重要的佛经带回了长安城。我的名号早就从印度传回了国内。皇上亲自接见了我，让我主持经书的翻译工作。同时，我也会把国内的书籍翻译成梵文，传播到海外。

　　玄奘被尊称为"三藏法师"，是我国汉传佛教四大佛经的翻译家之一，也是明代作家吴承恩小说《西游记》里唐三藏的原型。玄奘西行 5 万里学习佛法，回国后长期进行翻译工作，为佛教在中国的发展做出了巨大贡献。同时，玄奘将中国经典翻译后进行文化输出，让更多的人了解中国文化。玄奘扬名世界，被誉为中外文化交流的大唐使者，鲁迅也称其为"中华民族的脊梁"。

## 历史小百科

### "印度"之名的来历

　　在唐朝，人们一般把印度称为天竺。除此之外，印度还有"身毒""贤豆"等称呼。而玄奘在西行游学的时候，发现这些叫法都不对。他经过翻译对比，发现称作"印度"最为合适。因此，玄奘回到长安后，天竺就被更名为"印度"了。

### 玄奘小时候的故事

　　玄奘年幼的时候生活在寺庙里，他每天认真干活，晚上还勤学苦读，一天下来比别的僧人都辛苦。有一天，玄奘忍不住向方丈抱怨："为什么别的僧人能偷懒，而我不能呢？"方丈回答："一个人的道路如果十分平坦，那么他的心里就没有目标了。只有在坎坷的路上坚持行走，才能达成最终的目标。"玄奘听了深受教诲，从此更加努力。

# 第八节

## 中国历史上唯一的女皇帝：
### 一步步爬升的武则天

**文物档案**

**名　称**：唐代三彩女坐俑
**出土地**：河南省洛阳市新安县
**特　点**：色泽艳丽，展示了唐朝妇女的服装特点，是唐代陪葬的名器。
**收　藏**：新安县博物馆

　　649年，唐太宗病逝，太子李治继位，史称唐高宗。651年，唐高宗服完孝期，重新纳唐太宗的妃子武则天入宫。武则天入宫后，唐高宗为了打压关陇集团的势力，重塑皇权威严，几次想把王皇后废了，立武则天为皇后，结果遭到长孙无忌等老臣的劝阻。第一个站出来支持"废王立武"的官员是李义府，他得到唐高宗赏赐的金银珠宝。这一激励举动促使许多官员纷纷转而战队支持武则天。655年，武则天如愿当上皇后。随即，她着手整顿后宫，除掉了王皇后和萧淑妃。紧接着，武则天以为唐高宗出谋划策为由开始干预朝政。她帮助唐高宗先后除掉了长孙无忌等老臣，实现了君主集权。660年，唐高宗因病卧床，命武则天代理朝政。自此，武则天开始独揽大权，朝廷内外将她与唐高宗并称为"二圣"。

**博物馆小剧场**　　**武则天升迁记**

**1** 我原本是太宗皇帝的妃子，太宗驾崩后，我被迫出家为尼。幸得皇上的垂爱，我才有机会重回皇宫。皇上觉得王皇后和萧淑妃的势力太大了，想借立我为后一事打压这些世家大族。长孙无忌等大臣极力反对。

**2** 五品官员李义府第一个站出来支持立我为皇后，结果遭到长孙无忌的排挤，即将被贬去当司马。李义府铤而走险支持我，完全是在赌，没想到皇上为了鼓励其他人也跟着站队，重赏了他。

**3** 我如愿当上皇后，首先除掉了以前跟我争宠的王皇后和萧淑妃，然后顺理成章地安排我的儿子李弘当上了太子。皇上和我又联手铲除了长孙无忌。自此再也没有人能左右皇上的决策了。

**4** 在铲除长孙无忌及其党羽的过程中，有不少的官员巴结我，我尝到了权力的甜头。我时常跟皇上商议朝政，深入了解国家大事。皇上病倒后，让我代理朝政。哈哈，大权在握的感觉真好！

在"废王立武"事件中，唐高宗李治看似被武则天迷惑，实际上是不满长孙无忌等权臣把持朝政，也忌惮王皇后背后的势力，故而借立后一事整顿世家大族。所以，"废王立武"并不只是简单的后宫变动，也直接影响到了朝廷，意味着唐高宗开始彻底掌握大权。不过，唐高宗在与世家大族针锋相对的时候，却忽视了真正的阴谋家——武则天。

## 历史小百科

### "笑里藏刀"的典故

唐高宗在位时，李义府是朝廷里的高官。他平时待人恭敬和睦，说话的时候脸上总是挂着淡淡的笑容，看起来十分好相处的样子。但是背地里李义府心胸狭隘，只要是冒犯他或者不顺着他心意的人，都会被他使绊子。了解李义府的人，都说他是笑里藏刀。

### 废后插曲

唐高宗让武则天代理国事后，发现武则天野心勃勃，安插了不少自己家的人当官。唐高宗跟宰相上官仪商量，想废了武则天的皇后之位，结果被武则天知道了。唐高宗此时卧病在床，事发后只能把责任都推给上官仪。不久后，武则天就将上官仪逮捕入狱，满门抄斩。

# 第八节

## 中国历史上唯一的女皇帝：武则天称皇

**文物档案**

名　称：武则天金简

出土地：河南省登封市嵩山峻极峰

特　点：由黄金制成，刻着武则天祈求除罪消灾、长生不老的愿望。

收　藏：河南博物院

　　683 年，唐高宗病逝，由太子李显继位，史称唐中宗。仅两个月后，武则天废唐中宗，改立李旦为帝，史称唐睿宗。唐睿宗时期，武则天鼓励告密，告密者不仅无责，还能升官发财。武则天还大量任用酷吏，在朝中形成了惶恐的政治气氛。除了武则天的亲生儿子，唐高宗其余子嗣几乎被铲除殆尽。武则天命人在洛阳修建高达百米的明堂，以黄金珠宝作为装饰，动用了数以万亿计的国库，号称"万象神宫"。690 年，武则天废唐睿宗，自己称帝，改国号为"周"，史称武周，定都洛阳。武则天执政期间，虽然严厉惩戒反对自己的官员，但也进一步发展了科举制，使得这期间选拔的人才比贞观年间多了 800 余人。在用人上，武则天不问出身，大量任用有真才实学的人，因此得到拥戴。

## 博物馆小剧场　第一位女皇帝的手腕

**1** 高宗去世后，我的儿子李显当上了皇帝。但朝中的大权还牢牢地掌握在我的手里。李显想扶持皇后的父亲当大官，我怎么允许其他势力壮大？我干脆把李显废了，改立另一个儿子李旦为帝。

**2** 为了整顿官场、肃清旧势力，我鼓励官员、平民告密。为了惩罚犯错误的官员，我还任用了大量的酷吏，逼迫他们就范。私下里，我大力铲除李姓皇族，消除一切可能存在的威胁。

**3** 历朝皇帝都有自己的专属皇宫，我也给自己建了一个恢宏气派的"万象神宫"。事到如今，任谁都看得出来，我比李旦还像皇帝，他已经没有任何话语权。算了，我还是自己当皇帝吧！

**4** 由于前期我废掉了大量的官员，手下也没有能用的人。因此，我鼓励百姓通过科举制进入仕途，出身不重要，有才能就行。当然了，对于那些不称职的官员，我也会罢免他们。

　　武则天从很早就表现出强大的野心。为了实现称帝的目的，她先是残忍杀害李氏后人，接着通过鼓励告密、重用酷吏等手段，清除朝廷内部的反对势力。在称帝的路上，武则天可谓不择手段，但作为皇帝，她重视经济，推动了唐朝的经济发展；重用如狄仁杰等人才，改革科举制度，促进了社会进步；加强国防力量，维护了国家的稳定。因此，武则天对社会发展及后世还是有一定功绩的。

## 🔍 历史小百科

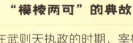

### "模棱两可"的典故

　　在武则天执政的时期，宰相苏味道是一个非常圆滑的人，从来不会发表明确的观点。有一次，他握住椅子上的棱角，对门生说道："处理事情不用太明白，不然错了就会被处罚。只要像我一样，把棱木的两边都拿在手里就好了。"这些话传出去之后，人们戏称苏味道为"苏模棱"。

### 告密制度

　　武则天登基前，鼓励官员、百姓告密。即便是农民、商人，只要来告密，武则天都亲自面见他们。如果符合事实可破格升官，胡编乱造也不治罪。被告的官员会经受各种酷刑审讯，往往不能活着出去。同时，有不少的告密者通过诬陷官员，得到了武则天亲赐的官位。

# 第九节

## 争夺政权的神龙革命

文物档案

名 称：武则天无字碑
特 点：由完整的巨石雕刻而成，碑额上没有碑名，碑首周围刻着8条螭龙。
地 点：陕西省咸阳市乾陵

705 年，武则天卧病在床，只有几个亲信侍奉在侧。宰相张柬之等人联合禁军统领李多祚，谎称武则天亲信要谋反，率禁军冲入玄武门，杀死武则天亲信，逼迫武则天退位。张柬之等人拥护唐中宗复位，恢复了李氏的政权，迁都长安，改年号为"神龙"，史称"神龙革命"。武则天病逝后，唐中宗去其帝号，尊为"则天大圣皇后"，次年将她与唐高宗合葬于乾陵（今陕西咸阳乾县），留下无字碑。唐中宗复位后，不仅让韦皇后干预朝政，还将参与神龙革命的张柬之等人流放或赐死。安乐公主多次让唐中宗废太子，立自己为皇太女，均遭到拒绝。707 年，太子李重俊和李多祚发动政变，意图除掉韦皇后和安乐公主，结果被反杀。710 年，韦皇后和安乐公主合谋毒杀唐中宗，立温王李重茂为帝，史称唐殇帝。

## 博物馆小剧场　唐中宗的神龙革命

1 母后一病不起了，张柬之等人围攻了母后的宫殿，逼母后禅位给我。母后此时八十多岁了，又是我的亲生母亲，我不想这样对她。但为了李氏江山，我必须得当这个皇帝。

2 我能够拿回皇位，宰相张柬之等人出了不少力。我本想好好重用他们，可皇后和安乐却说，这群臣子今天能夺走武皇的权，有一天也能夺我的。皇后肯定不会害我的，所以我把这群人要么流放到边疆，要么直接处死。

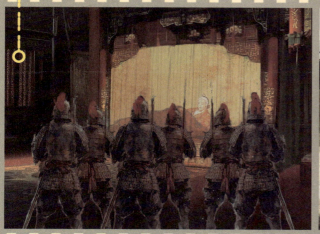

**3** 皇后和安乐都很有见识，又是我最信任的人，所以我让皇后参与朝政，安乐拟的诏书，我看都不看直接盖上印信。太子对此很不满，竟然联合李多祚造反，要讨伐皇后和安乐。最后我把他们都处死了。

**4** 太子之位空了下来，安乐多次缠着我，要我立她为皇太女。尽管我很宠爱她，但这个肯定不行。我原本以为她会生气，没想到她今天说亲手做了我最爱吃的饼。我好幸福啊！

　　神龙革命的时候，为什么没有除掉武则天呢？原因主要有两个：一是武则天统治了唐朝数十年，具有一定的威望和支持者，不能轻易除掉。二是李显是武则天的亲儿子，为了政权稳定，也不能背上弑母的罪名。而唐中宗的复位，虽然延续了李氏的江山，却因为过于纵容韦皇后和安乐公主，不仅命丧黄泉，还差点儿再次把江山拱手相让。唐中宗的一生可谓充满了悲剧色彩。

乾陵

**历史小百科**

### 无字碑

　　无字碑位于陕西省咸阳市乾陵内，是武则天的墓碑。无字碑由一块巨大的石头雕刻而成，一开始并没有在上面刻字。到了宋朝之后，才陆续有人题字。对于为什么当时没有刻下文字，有三种说法：一种说法是武则天想让后人评价是非；第二种说法是武则天自认为功德无量，文字不能表现；第三种说法是唐中宗不愿意按照武则天的意思镌刻文字。

### 唐中宗为什么对韦皇后言听计从？

　　唐中宗第一次继位，因得罪武则天被贬出长安，软禁于外地 14 年之久。其间，只有韦氏与唐中宗相伴。每当武则天派人来探望唐中宗时，唐中宗总是惊恐万分，以为武则天要处死他。而韦氏总是耐心安慰唐中宗，令唐中宗克服困境坚强求生。后来，唐中宗对韦皇后言听计从，也是出于这段患难情分。

# 第十节

## 李隆基发动唐隆政变

　　710年，唐中宗逝世后，他的第四子14岁的李重茂在韦太后等人的扶持下登基，史称唐殇( shāng )帝，年号唐隆。同年，唐睿宗之子李隆基回到长安，私下结交羽林军精锐——万骑军的左营统帅，发展自己的势力。看到韦太后有独揽大权的迹象，李隆基和姑姑太平公主等人密谋，打算先下手为强。李隆基和万骑军官葛福顺等人约定，于七月二十一夜里行动。当夜，葛福顺带人马夜袭羽林军军营，除掉了韦太后的党羽，顺利使羽林军倒戈。李隆基率兵逐一击杀了韦太后和安乐公主，并且在长安城内抓捕韦氏的人。之后，李隆基迫使唐殇帝禅让，由唐睿宗李旦复位。唐睿宗登基后，改年号为景云。这次政变也被称为"唐隆政变"。李隆基因政变有功，在众多大臣的推荐下，被立为太子。

### 博物馆小剧场　　李隆基的政变日记

**1** 民间都说先皇是被韦氏和安乐公主毒死的，尽管没有证据，但韦氏的野心我看得一清二楚。决不能再让李氏的江山落入他人之手。羽林军中最骁勇善战的万骑军与韦氏不合，我把他们拉拢过来了！

**2** 这件事我只和姑姑还有一些官员私下商量过，父亲并不知情。我瞒着父亲，是担心这次行动如果没有成功，韦氏治罪的时候，不会牵连到父亲。再退一步讲，父亲不一定同意我做这种危险的事。

**3** 我带领万骑军在夜里突袭羽林军军营。我的目的不是歼灭禁军，而是策反他们。除掉韦氏的党羽后，羽林军彻底听从我的号令。韦氏意图寻求羽林军的庇护时，反被击杀了。

**4** 直到彻底消灭了韦氏一伙儿的势力后，我才把这个好消息告诉父亲。我还成功使小皇帝让位给我父亲。父亲再次登上皇位后，尽管还有些顾虑嫡长子继位制度，但我是众望所归，最终顺利当上了太子。

　　韦太后临朝期间，把韦姓的子弟安插到羽林军中。韦氏的嚣张跋扈，引发了羽林军内部的分裂。李隆基借助羽林军的力量发动政变，成功歼灭了韦氏一党。唐隆政变不仅是从韦氏手里夺回了权力，而且奠定了李旦一脉皇位的根基。自此之后，唐朝的皇帝都是李旦的后人。然而，政变之后，曾经并肩作战的李隆基和姑姑太平公主之间发生了矛盾，而且愈演愈烈。

## 历史小百科

### 万骑军的由来

　　唐太宗在位时，曾经选拔了一百多个骁勇善战的人，让他们穿着虎皮衣服，使用豹皮花纹的马鞍。唐太宗涉猎的时候，百骑就跟随一起射杀飞禽走兽。到了武则天时期，百骑增加到千骑，归羽林军管理。唐中宗时期，千骑增加到万骑，并且设立了专门的官员管辖，同样归属羽林军。

### 太平公主与李隆基的恩怨

　　李显继位后，太平公主因为诛杀二张、支持李显复位有功，被封为镇国太平公主，并开始积极参与政治，权势地位甚至超越李显。随着太子李隆基的声望日高，太平公主唯恐其对自己的地位造成威胁，便有意替换太子。太平公主曾多次散布谣言，说李隆基并非李旦的嫡长子，不适合做太子，这大大激化了她与李隆基的矛盾。

# 第十一节

## 唐玄宗开创的盛世局面：
### 唐玄宗的治国方略

**文物档案**

名　称：唐代镏金舞马衔杯纹银壶

出土地：陕西省西安市南郊何家村窖藏

特　点：壶身呈现扁圆形，装酒或水的容器，仿契丹人常用的皮囊形状制作而成。

收　藏：陕西历史博物馆

712年，唐睿宗禅位给儿子李隆基，这加剧了李隆基和太平公主的夺权斗争。次年，太平公主有意毒杀李隆基。但李隆基先发制人，率兵诛杀太平公主及其党羽，之后改年号为"开元"，史称唐玄宗。唐玄宗即位时朝政混乱，亟需整顿。唐玄宗任用了姚崇当宰相，之后在姚崇的协助下整治外戚，罢免和杜绝产生斜封官，使得政权渐渐稳定。在吏治方面，唐玄宗实行官吏迁调制度，将京城和边境的官员互调，以增加中央对地方的了解。为提高士兵综合能力，淘汰业余军人，唐玄宗把府兵制改成募兵制，通过招募专业的正规军，增强军队的战斗力。为保持政治的稳定，唐玄宗极力提倡节俭。唐玄宗规定：三品以下大臣不得佩戴金玉饰品，全国各地不得开采金玉和制造锦绣，以抵制奢靡之风。

**博物馆小剧场** 　　唐玄宗的治国手腕

**1** 姑姑借着天象的异常，劝说父皇更换太子。父皇坚持让位给我，这下可惹恼了姑姑。她竟然拉着宰相商量给我下毒的事情。她不仁别怪我不义，我抢先一步把她和她的拥护者都除掉了。

**2** 我刚登上皇位，就任用了姚崇当宰相。姚崇在职期间兢兢业业，提出了很多利国利民的政治主张，比如仁政治国、息兵休战、宦官不得干政等。有了他的帮助，我可省了不少的心！

**3** 吏治的好坏，直接会影响到国家的安定与否。我把长安的优秀官员调去外地做都督刺史，又把外地的优秀都督刺史调到长安。这样一来，既能防止官员扩张自己的势力，又能增进朝廷对地方的了解和沟通。

**4** 以前的府兵制，农民当士兵就像做兼职一样，没有凝聚力，也不够专业。现在我改成招募的形式，提高参军门槛，从上到下打造精锐的军队。当然，军权必须握在我的手里！

　　唐玄宗在短短几年内经历了两次重大的宫廷流血事件，所以在开元前期，他把重点放在政治改革上，目的是维持政权的稳定。唐玄宗改革募兵制，虽然招募和培训了优秀的兵将，但是募兵制也造成了一种不良的倾向，那就是士兵只听从地方军官调遣。像安禄山等少数民族将领，他们统领的士兵能征善战，实力远强于朝廷兵力，为后续叛乱埋下了隐患。

## 📍 历史小百科

### 唐朝斜封官的由来

　　唐中宗在位时，安乐公主私下收受贿赂，替人分配官职。无论是谁，只要交三十万钱，就能直接得到由唐中宗亲笔任命的文书。由于封缄这种文书的封条上面的封题文字是斜着写的，所以这类官员被称为"斜封官"。到了唐玄宗时期，斜封官才被废除。

### 唐玄宗舞马庆寿的故事

　　唐玄宗在位时，宫里养了几百匹舞马。每当唐玄宗生日的时候，宫里都会举行盛大的祝寿活动，其中就会用到舞马助兴。舞马披金戴银，在乐曲中奔腾起舞。乐曲结束后，舞马会衔着酒杯在唐玄宗面前祝寿。而镏金舞马衔杯纹银壶，是唯一能证明这个场景的文物。

# 第十一节

## 唐玄宗开创的盛世局面：
### 开元盛世的繁荣盛况

**文物档案**

名　称：唐代金银丝结条茶笼子

出土地：陕西省扶风县法门寺

特　点：以金银丝制成的茶具外
盒。笼底有四足，呈龙首形。

收　藏：法门寺博物馆

开元年间，经济、文化、科技各方面得到了很大发展。农业方面，唐玄宗鼓励农耕，兴修水利工程，大量开发荒山。随着耕地的增多，茶叶大量盛产，整个社会盛行饮茶之风，还诞生了世界上第一部茶文化书籍《茶经》。手工业方面，丝织品的花色繁多，工艺复杂；陶瓷方面，盛行越窑青瓷、邢窑白瓷和唐三彩。文化方面，唐玄宗积极推动文学、书法、绘画等创作，还以诗词歌赋作为进士考试的主要内容。唐朝诗歌百花齐放，流传后世的诗歌近五万首，代表诗人有李白、杜甫、白居易等。唐朝文化吸引了世界各地的人，许多国家仰慕大唐文化，派出使臣前来学习。日本更是数次派出遣唐使来学习，并以唐朝服饰为模版进行服饰改革。

**博物馆小剧场**　唐朝百姓的幸福生活

**1** 皇上在全国范围内兴修水利工程，对我们种田最有利了。加上我们有最新的育秧移植水稻技术，和改良后的曲辕犁和灌溉工具简车，干活的效率大大提高。再也不用常年泡在地里啦！

**2** 我的好兄弟李四做得一手好陶艺，他烧出来的陶器是当地最好的。他还会在上面作画。最独特的是，他烧的陶器上有黄、绿、青、白等多种色彩。很多有身份的大官都找他来买，说这是精品中的精品。

**3** 不忙的时候，我喜欢读读诗歌。我最喜欢李白的诗，写得大气、豪迈。我们村里没有人不知道他，当然大家都在偷偷写诗。我也在努力，等写好了我就去参加科举考试。

**4** 前几天，有两个黄头发、白皮肤、蓝眼睛的人从很远的地方专程来买李四的陶器。第一眼看到他们把我吓了一跳。他们还预订了我妻子织的丝绸，这些长相奇怪的外国人真的喜欢中国的东西！

开元年间，唐玄宗励精图治，经济、文化、科技等方面百花齐放，使得唐朝进入了史无前例的全盛时期，进而成为世界上综合实力最强的国家。在当时，长安除了是各民族贸易往来的中心，也是亚洲的经济、政治和文化中心，更是世界闻名的国际化大都市。另外，长安还是世界上第一个人口过百万的国际都市。

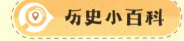

## 历史小百科

### 曲辕犁

曲辕犁是一种犁地工具，是唐朝时发明的。因为车前两根木头是弯曲的，所以取名为曲辕犁。曲辕犁主要用于犁地，因为翻地时操作便利、灵活，节省了不少人力和畜力。曲辕犁的出现，标志着古代农耕用具逐渐走向成熟。

### "茶"字的由来

唐玄宗时期，朝廷编纂了一本《开元文字音义》，由唐玄宗亲自作序。据说，唐玄宗一不留神，错把"荼"字写成了"茶"字，后面的人只能将错就错。经过一段时间的混用，"荼"字就被"茶"字彻底取代了。之后，茶圣陆羽在写《茶经》的时候，一律写作"茶"字。

# 第十二节

## 中亚怛罗斯之战

**文物档案**

**名　称：** 唐"翟那宁昏母康波密提"墓志砖

**出土地：** 新疆维吾尔自治区吐鲁番市

**特　点：** 字体仿汉文，写法依西域习惯。

**收　藏：** 中国国家博物馆

742年，唐玄宗改元天宝后，开始纵情享乐、不问国事。750年，安西四镇节度使高仙芝以石国无礼为由，率兵讨伐石国。在石国请和后，高仙芝撕毁和约，大肆屠杀石国人民。石国王子逃脱后，向大食（阿拉伯帝国）等中亚周边国家请求支援。大食等小国组成十余万中亚军队讨伐高仙芝。次年，高仙芝率领两万唐军和一万葛逻禄部藩兵，翻过葱岭（帕米尔高原），历经三个月到达怛罗斯，与中亚联军正面相遇。高仙芝指挥三万士兵数次击退中亚联军。此时，葛逻禄部藩兵突然反叛，和中亚联军形成前后夹击之势。幸亏副将李嗣业奋力拼杀，才让高仙芝得以逃脱，并最终放弃了反击战。753年，新任安西节度使封常清出兵攻占大勃津，夺回中亚地区部分统治权。

### 博物馆小剧场　高仙芝日记

**1** 我一个高丽人，能当上大唐的"常胜将军"，名号不是白来的。我轻而易举地拿下了石国。国王说要跟我签订和约，我表面答应却趁其不备攻打他们。有人说我卑鄙，但只要得到实惠，管他呢！

**2** 我本来想彻底消灭石国，没想到石国王子竟然跑了，还获得了中亚多国的支援。别看中亚联军有15万，我只有3万士兵，但我一点不怕。前面五天，我都打得游刃有余。哈哈，我就要赢了！

**3** 但第六天，我听到我军后方传来打打杀杀的声音，这时有士兵向我汇报，说葛逻禄部藩兵造反了！面对这种腹背受敌的情况，我立刻感觉到了力不从心。而我的兵士更是乱了阵脚，要么被抓，要么战死。

**4** 此战必败无疑。这天夜里，我趁着夜色在李嗣业的护送下，偷偷地逃了出来。我努力让自己镇定下来，召集残存的数千唐军，打算再反攻回去。可李嗣业一直劝我，不让我以卵击石。唉，真的不甘心啊！

在石国与高仙芝签订和约之后，高仙芝趁其不备，践踏石国国土的做法，是有违诚信的。虽然高仙芝在打仗方面很厉害，但他用强硬的手段欺辱石国，很难令人信服。在怛罗斯之战后，唐朝退出争夺中亚领土的角逐，失去了帕米尔高原以西的大片土地。高仙芝个人的过激行为和由此带来的失利，充分说明了藩镇节度使拥有过高的自治权，这也是后续安史之乱爆发的预兆。

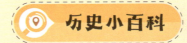

### 历史小百科

#### 造纸术西传

怛罗斯之战后，大食国俘获了大量的唐朝士兵。这些士兵中不乏能力极强的工匠，他们为了生存，把造纸术等先进生产技术传授给阿拉伯人，促进了大食国的科学发展。同时，大食国又把中国的技术进一步西传，也推动了整个西方国家的发展和进步。

#### 《高都护骢马行》

《高都护骢（cōng）马行》是唐朝诗人杜甫写的咏马诗，杜甫借高仙芝骢马的经历和现状，隐晦地抒发自己被困守长安的郁闷之情。杜甫写诗前，高仙芝刚好平定中亚小国有功，到长安领赏。杜甫由马及人，联想到自己怀才不遇的境地，写下了这首咏马诗。

# 第十三节

## 埋下隐患的安史之乱

文物档案

名　称：唐代墨玉山子嵌件
出土地：北京市丰台区史思明墓
特　点：黑白色纹理自然，正面为五峰山形。
是一种镶嵌于别的物件上的饰品。
收　藏：首都博物馆

752 年，唐玄宗任用宠妃杨玉环的哥哥杨国忠为宰相。杨国忠私下结党营私、贪污腐败，致使国库空虚。当时全国共有 57.4 万名士兵，而边境士兵就达到 49 万人。755 年，身兼平卢、范阳、河东三镇节度使的安禄山以讨伐杨国忠为由，在范阳起兵。洛阳沦陷不久，长安也失守。安禄山霸占长安，建立燕国，称雄武皇帝。唐玄宗逃到成都，太子李亨逃至灵武，称帝改元，史称唐肃宗。757 年，安禄山被其子安庆绪谋杀，叛军内部出现动荡。同年十月，叛军将领史思明率 8 万士兵投降，被封为节度使，后又谋反。758 年，史思明除掉安庆绪，自称大燕皇帝，与唐军僵持数年。随后，史思明被其子史朝义杀害。叛军军心涣散，于 763 年被唐军歼灭。自此，长达 8 年的"安史之乱"宣告结束。

## 博物馆小剧场　　史思明的发迹史

**1** 皇上自改元之后，感觉整个人就变了，变得贪图享乐和好大喜功。皇上还放权给节度使，让他全权负责地方的军民、财政。节度使经常亲自率军作战，渐渐地士兵变为节度使的私人武装。

**2** 安禄山是我们的老大，他手握数十万的兵权。因为朝廷里的宰相杨国忠总在皇上面前说老大有造反之心，老大干脆一不做二不休，以替皇上讨伐奸相杨国忠为理由，从洛阳一路打到了长安。

**3** 原本潼关有哥舒翰守着，很难打。但是杨国忠让皇上把哥舒翰调走了，让我们轻松攻入长安。皇上逃跑了，老大自己当了皇上。可是老大竟然也沉迷玩乐，不思进取，结果被亲儿子安庆绪杀了。

**4** 我可不想听从那小子摆布，便投降朝廷。没想到，朝廷表面上封我当官，背地里却要杀我。我干脆与安庆绪联络一起反了。不过安庆绪只是一枚棋子，我趁其不备杀了他。哈哈，皇位是我的了！

　　唐玄宗李隆基在统治后期沉迷玩乐，还任用奸相，严重破坏了朝政的清明。安禄山以讨伐奸相的名义出兵，得到了许多人的支持。安军作战能力强、经验丰富，给唐军上了血淋淋的实战课。虽然唐军最终拿下胜利，但死伤众多，单单阵亡的士兵就有 30 余万人。安史之乱后，唐朝由盛转衰，战乱地区经济遭到严重的损坏，并且形成了藩镇割据的局面。

## 历史小百科

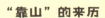

### "靠山"的来历

　　唐玄宗要提拔安禄山为同平章事，官位仅低于宰相。这个提议遭到了杨国忠等人的反对。兵部侍郎张洎和安禄山是好友，把这件事悄悄告诉了另一位好友李白。李白认为安禄山有造反的心思，劝说张洎不要"靠山"，意思是不要与安禄山过于亲近。

### 唐玄宗改元

　　唐玄宗在位时，有个人说自己梦到了太上老君（老子），太上老君说在他写经书的函谷关有个桃木符，得到它就能得到天下。唐玄宗命人到函谷关，果然挖出了一个桃木符。唐玄宗十分高兴，马上把年号改元为"天宝"。

函谷关城楼

# 第十四节

## 两税法的改革

**文物档案**

**名　称：** 唐代孔目司帖

**特　点：** 唐代官府的文书，纸本。是目前发现的唐代在新疆地区实行过两税法的唯一物证。

**收　藏：** 辽宁旅顺博物馆

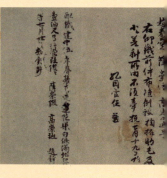

　　唐朝中期，由于世家大族大量兼并土地，导致国有土地锐减，均田制没办法严格执行。780年，唐德宗听取宰相杨炎的建议，改租庸调制为两税法，并推广全国。两税法主要有四点内容：第一，不分土户和客户，一律编入居住地户籍，就地纳税；第二，取消租庸调制和杂税；第三，分为夏秋两季缴税；第四，按户口缴税，按土地数量缴纳粮食。两税法刚开始实行时，财政收入增加，在一定程度上减轻了农民的负担。然而，随着时间的推移，出现通货膨胀的情况，即货物的价格越来越低，而需要缴纳的税额不变，导致农民负担加重。此外，土地兼并的情况不减反增，农民又因为严苛的赋税破产，出现了许多佃户。两税法推行后期，不断出现小规模的叛乱，加快了唐朝灭亡的速度。

**博物馆小剧场**　　**唐朝农民的日记**

**1** 在两税法以前，我虽然在居住地有土地和资产，但户籍在外地，就要按照家里的人口数在户籍地交税。麻烦不说，人口越多税额越高。现在直接在本地按照田产数量交税，方便又合理。

**2** 之前的均田制挺好的，大家都有田种。都怪那些世家大族，巧立名目抢占我们的土地，害得我们无地可种。现在实行了两税法，地越多纳税越多。这回看那些世家大族受得了不，他们地多，就要多多缴税！

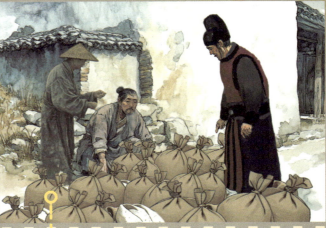

**3** 两税法刚推行的时候，货物的价格高，而钱币的价值低。如果用钱缴税，就要交很多钱，我们普通老百姓哪里有那么多钱呀。不过朝廷允许我们用货物抵税，这样只要我们努力干活，就不愁缴不上税了！

**4** 可没过多久，因为货物生产过多，导致货物的价格越来越低。本来我缴税只需要几袋谷子，现在要十几袋才行。我哪有那么多？唉，如今唯一的办法就是卖身给富人当佃户了。

两税法的好处是，改变了赋税按人口计算的方式，扭转了之前赋税多出自普通百姓的局面。两税法以土地数量为计税标准，不仅增加了财政收入，还能使赋税公平化。但随着时间的推进，两税法的弊端也暴露了出来。世家大族私下买卖土地，但是赋税仍由农民承担，造成了大量佃户的存在。随着对农民的压迫升级，社会的矛盾日益尖锐，唐朝的灭亡再次加速了。

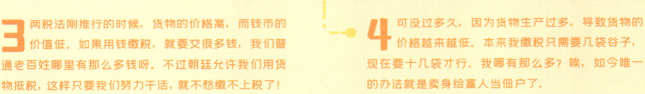

**历史小百科**

### 什么是佃户？

历朝历代的佃户含义各有不同，本质上都是在封建土地制度下，为地主耕种土地的农民。唐朝推行两税法后，农民无法承担赋税，大多数破产。于是，这些农民被迫卖掉原有土地，向地主支付租金或农田收成，换取耕种的权利和居住权。这就是唐朝佃户的特点。

### 《捕蛇者说》的隐喻

《捕蛇者说》是唐朝文学家柳宗元的名作。在文中，捕蛇者世代以捕蛇为生，他们把毒蛇晒干，一年向朝廷缴纳两次。文中的捕蛇者，代指农民，蛇毒代指严苛的赋税。柳宗元通过捕蛇者和蛇毒，来隐喻赋税对平民的毒害，表达了作者对劳苦大众的同情。

# 第十五节

## 藩镇割据引发的奉天之难

**文物档案**

名 称：唐代执马球杆男侍图

出土地：陕西省西安市东郊唐安公主墓

特 点：是公主墓墓室的壁画。绘制手法为先用墨线勾勒，然后填色。

收 藏：陕西历史博物馆

781 年，成德节度使李宝臣去世，他的儿子李惟岳想要继承父亲的爵位，遭到力图削藩的唐德宗拒绝。于是，李惟岳勾结三个镇的节度使，起兵反抗朝廷，史称"四镇之乱"。次年，四镇之乱被朝廷镇压。783 年，藩镇节度使李希烈围攻襄城，泾源节度使奉命解围。结果，泾源军队路过长安城时，因军粮和奖赏过少而发动兵变，拥护前节度使朱泚为统领，占领长安。朝廷军队无力抵抗，唐德宗被迫逃到奉天。同年十月，朱泚（cǐ）称帝，改国号为秦。次年，唐朝将领李晟收复长安。朱泚在逃亡过程中被部将杀死。四镇之乱和泾源兵变又统称为"奉天之难"。尽管叛乱被平定，但唐朝中央集权能力由此削弱。唐德宗因忌惮节度使及中央将领的权势，开始重用宦官。自此，宦官掌管禁军成为一种制度。

### 博物馆小剧场 · 唐德宗的心思

**1** 成德节度使李宝臣六十多岁了，找一群术士算命，算出他们一家人有富贵之命。李宝臣不仅信了，还喝了符水，结果一命呜呼了。他临死时，杀了二十多名大将，为他的儿子铲除障碍。

**2** 李宝臣去世后，他儿子李惟岳想继承节度使。我本来就想削弱藩镇的实力，肯定不能答应，毕竟李宝臣之前就是安禄山的义子。没想到，胆大包天的李惟岳偷偷联合附近三个镇的节度使，起兵造反了。

**3** 泾源兵又闹事了。原因是他们帮襄城解围，路过长安的时候，吃的是清汤寡水，拿到的是零星钱币。我明明下令要好好打赏的，不知道被谁贪污了。可他们根本不等我解释，直接攻打长安。

**4** 又过了一年，将军李晟收复了长安，我才结束了颠沛流离的逃亡生活。我再也不想把大权给武将了。想来想去，我觉得我身边的宦官最可信，他们没什么家室，更容易忠心于我。

　　四镇之乱的起因是李惟岳想世袭父亲李宝臣的节度使之位而与朝廷发生了争端，而泾源兵变是因为地方的节度使及其管理的士兵不服从朝廷管理，以封赏过少为由挑起的。二者本质上都是因为藩镇和中央之间的矛盾，也是安史之乱带来的祸端。奉天之难是唐朝地方对中央权威的一次挑战，反映了唐朝中晚期中央政府职权下降的趋势。

## 历史小百科

### 古冢葬金枝

　　在泾源兵变的时候，唐德宗被迫逃离长安，同行的有后宫亲眷。一行人颠沛流离地逃往汉中，路上风雨交加。次年3月，唐德宗的大女儿唐安公主在汉中洋县病故。唐德宗非常伤心，下令在当地厚葬公主，后来将其迁葬至长安，便有了如今的文物保护单位——唐安公主墓。

### 一不做二不休的故事

　　泾源节度使朱泚起兵时，部将张光晟（shèng）也跟着起兵。唐朝大将李晟奉命征讨叛军，最终击溃了张光晟的军队。张光晟投降，表示要归顺唐朝。唐朝的大臣纷纷反对，认为张光晟是逆臣贼子，还有可能再起叛乱。张光晟被处死前，感慨道："要么就不要做，要么就做到底。"

# 第十六节

## 两次失败的会盟

**文物档案**

名　称：唐代红地小花对含绶鸟锦

特　点：具有吐蕃特色的织锦，红色为地，红、黄、绿显花，有两个完整团窠，每个团窠里有一对含绶鸟。

收　藏：中国民族博物馆

　　783年，唐朝派出陇右节度使张镒与吐蕃使臣在清水县（今甘肃清水）会盟，约定两国边界，并签订了《唐蕃清水盟约》，史称"清水盟约"。此次会盟中，争议最大的是凤翔（今陕西凤翔）以西广大土地的主权。先前吐蕃趁唐朝安史之乱，抢占了凤翔以西的土地。为了与吐蕃搞好关系，唐朝被迫割让了这片土地。786年，唐朝大将李晟接连打败进犯边境的吐蕃军。吐蕃以求和为由要求第七次会盟。唐德宗信以为真，惩处李晟后，派出大将浑瑊（jiān）主持会盟。次年，唐朝和吐蕃会盟于平凉（今甘肃平凉）。吐蕃事先设下埋伏，在会盟时肆意屠杀唐朝将士和官员，浑瑊得以侥幸逃脱。事后，唐德宗派出李沁等人与吐蕃交战，唐蕃友好关系至此中断，史称"平凉劫盟"。

## ◉ 博物馆小剧场　　浑瑊的惊险会盟

**1** 朝廷要和吐蕃开展第六次会盟了。吐蕃趁着安史之乱占领了凤翔以西，这种趁火打劫的国家能安什么好心呢？这次会盟还是皇上主动的，他写信给吐蕃赞普的时候，措辞很是谦卑。

**2** 果然，谈判的时候，吐蕃狮子大开口，直接要凤翔以西的接近两百万平方公里的土地！这种情况还不打他们等什么？这跟割地条约没区别了。而皇上为了息事宁人，加上国内现在很乱，竟然答应了吐蕃。

**3** 没过几年，吐蕃便无视盟约接连骚扰我朝边境。幸好我朝有李晟将军，将吐蕃打得落花流水。吐蕃见打不过李晟将军，便假意求和。皇上当即答应第七次会盟。我被吐蕃点名来谈判。

**4** 出发前，李晟跟我说要提防吐蕃，小心他们使诈。皇上却让我表现出唐朝的诚意。谁知，这吐蕃趁着谈判的时候，竟然突袭我们。幸亏我抢了一匹马逃跑，才保住了性命。

在短短四年间，唐朝与吐蕃先后约定结盟两次，但都以失败告终。其中，清水盟约是唐朝无力收复失地时签订的割地条约，因此也被后人称作"中国第一款割地卖国条约"。此时唐朝的军事实力与吐蕃旗鼓相当，但由于短时间内经历了安史之乱、四镇之乱和泾源兵变，难与强大的吐蕃抗衡。而平凉劫盟后，唐朝与吐蕃关系恶化，由会盟转为交战，交恶状态持续了近四十年。

## 🔍 历史小百科

### 成语"好善嫉恶"

吐蕃几次进犯中原，都被唐将李晟击退了。为此，吐蕃使用离间计，假意跟唐朝求和。唐德宗为了和平，直接削去了李晟的兵权。朝廷有人为李晟打抱不平，想拉拢李晟，都被李晟严厉拒绝了。李晟天生好善嫉恶，最讨厌的就是拉帮结派。

### 织锦上的含绶鸟

在古老的传说中，神鸟往往代表着高贵的王权。唐朝时期，手工艺技术传入吐蕃。吐蕃流行用神鸟织锦，神鸟嘴里叼着绶带，身姿矫健的样子经常出现在手工艺品上。因此，织在锦缎上的神鸟，也被称为含绶鸟。

# 第十七节

## 永贞革新的举措

文物档案

名　称：唐代"中官府印"玉印

出土地：河北省

特　点：上有"中官府印"四字；印纽刻有螭纹，呈蟠曲状。这里的中官指内侍省官。

收　藏：中国国家博物馆

805 年，唐德宗驾崩，长子李诵继位，史称唐顺宗。唐顺宗即位后，因自身抱病，任用王叔文、王伾（pī）等人进行改革。王叔文和刘禹锡、柳宗元等人形成了"二王刘柳"为领导核心的革新派团体，他们的改革被称为"永贞革新"。唐顺宗下令禁止节度使以进奉之名搜刮财产，只能上缴规定的供奉。剑南西川节度使韦皋派出副使刘辟，试图勾结王叔文。王叔文不仅严词拒绝，还有意追杀刘辟。为了削弱宦官势力，革新派废除宫市制度和五坊使制度，受到百姓支持。革新派又计划任命武将统领禁军，但因宦官从中作梗，未能成功。同年 8 月，在俱文珍等宦官的操控下，病重的唐顺宗被迫禅位给太子李纯，李纯就是唐宪宗。唐宪宗继位后，将革新派团体全部贬谪，至此永贞革新以失败告终。

### 博物馆小剧场　柳宗元的革新历程

**1** 我入朝为官后，发现好多官员十分腐败。在皇上的支持下，我与和我政见一致的王叔文、王伾、刘禹锡组建了一个力求政治革新的团体，名为"二王刘柳"。我们的团体有不少支持者。

**2** 皇上让我们负责改革。我们经过商议，决定首先要废除宫市制和五坊使制。宫市是宦官借着采买的名义对百姓白吃白喝白拿。五坊使是宦官借着捕猎五种动物的名义，对百姓进行敲诈勒索。

**3** 地方的节度使通过进奉来维系和中央的关系，有些贪官以这个为借口，到处搜刮民膏民脂，让百姓苦不堪言。所以，我们限定了进贡的数量，让他们不能再以这个为理由搜刮百姓。

**4** 起初我们的改革不被那些阉党放在眼里，所以没有受到什么阻碍。然而，当我们想夺取禁军统领权的时候，他们不仅破坏了我们的计划，还逼迫皇上禅位给太子。唉，我们的改革全泡汤了！

　　永贞革新是唐顺宗在"二王刘柳"辅佐下发起的一场政治变革运动，旨在削弱藩镇和宦官势力、加强财政监督、公正官员选拔制度、改革税制、激发农民生产力。然而，由于改革在宦官专权方面操之过急，导致唐顺宗在位不到一年，就在宦官逼迫下退位。尽管永贞革新以失败告终，但它体现了唐朝中期士大夫阶层试图挽救国家危机、振兴朝野的努力，对后来的改革具有一定的启示作用。

### 📍 历史小百科

#### 什么是"宫市"？

　　古时候，负责宫中采买的机构被称为"宫市"。宦官外出采购时，经常以极低的价格购买货物，以此压榨百姓。到了唐德宗时期，宦官公然在大街上抢劫百姓财物。这种行为被白居易写进《卖炭翁》里，一句"苦宫市也"道尽了百姓的无奈。唐顺宗继位后，才废止了这种制度。

#### 柳宗元的善举

　　柳宗元被贬到柳州当司马后，发现这里的百姓落后贫困。当时柳州有一种抵押子女来换钱的方式，到期未赎回，被抵押的子女就沦为奴婢。柳宗元立了一个规定，已经沦为奴婢的人可以按时间来算工钱，工钱够抵债了即恢复自由。此举受到百姓的欢迎。

# 第十八节

## 唐宪宗的元和中兴

唐宪宗登基后，鼓励大臣进谏，奖励发展农业，安抚受灾百姓。同时，唐宪宗重用主张抑蕃的大臣，坚决支持对藩镇用兵。唐宪宗执政期间，先后平定了夏州杨惠林叛乱、剑南西川刘辟叛乱、淮海李琦叛乱，又顺利收复了魏博六州。814年，淮西节度使吴少阳病逝，其子吴元济起兵造反。收复淮西后，朝廷顺势派兵进攻山东和河北的藩镇，并大获全胜。至此，唐朝基本结束了从唐代宗以来长达六十年的藩镇自治，收回了中央统治权。唐宪宗的举措使得政治稳定，出现了中兴的局面，史称元和中兴。但是在削藩过程中，唐宪宗重用宦官，由此助长了宦官的势力。820年，王守澄等宦官设计谋杀唐宪宗，扶持李恒为帝，史称唐穆宗。此后，唐朝的皇帝继位都由宦官操纵。

**博物馆小剧场**　元和中兴始末

**1** 在我继位之前，改革派王叔文等人不认同我继位，企图拉拢杜黄裳废黜我。杜黄裳说要以皇室正统为重，坚持让我辅佐治国。我即位后，立即任用杜黄裳为相，还鼓励群臣直言进谏。

**2** 杜黄裳认为藩镇的权力过大，主张平藩治国。因为藩镇的节度使时常剥削百姓，以至于农民收成减少，最终导致国家经济下滑。我经常鼓励地方官员推动农业生产，安抚受灾百姓，及时开仓赈灾。

**3** 我利用藩镇之间的冲突，先后打压了四川和江南地区的叛乱。淮西节度使吴少阳去世后，他的儿子吴元济要继承节度使之位。被我拒绝后，吴元济起兵造反了。我便集中兵力攻打淮西地区，铲除了吴元济。

**4** 吴元济倒台后，周边的藩镇也陆续归降了。在平藩过程中，我让最信任的公公吐突承璀当军队的统帅，还让他管理许多地区。一些大臣说宦官权力太大了。我才不在意呢！

　　唐宪宗在位期间，积极鼓励大臣进谏，从而形成了良好的政治氛围，这是贞观、开元之后从未有过的。唐宪宗对于文化的重视，使得文化出现了短暂的繁荣。唐宪宗虽然没有创造出繁荣盛世，但也令唐朝出现了短暂复兴的景象，延续了唐朝的生命。虽然唐宪宗平定了局部地区的藩镇动荡，但没有拔除藩镇割据的根基，所以在他去世后，藩镇割据变本加厉。

### 历史小百科

#### 第三天子

　　在李纯六七岁的时候，唐德宗把他抱在怀里，逗弄般问他是谁家的孩子。李纯天真地回答道："我是第三天子呀！"唐德宗听了这个新颖的回答之后，更喜爱这个小孙子了。因为李纯作为唐德宗的长孙，按照爷爷、父亲、孙子的辈分来回答，这个说法是符合实际的。

#### 唐三彩经幢

　　唐宪宗时期，唐朝出现了中兴的迹象，社会各方面得到均衡发展。唐宪宗尤其沉迷佛教，社会上出现许多佛教造物。其中，唐三彩经幢制造于元和十二年（817年），采用了三彩精美工艺。该器物采用黄绿褐三色，上面刻满了佛教经文，是极为少见的艺术珍品。

# 第十九节

## 甘露之变

**文物档案**

名　称：《神策军碑》拓本

特　点：宋代拓本。原碑文由仇士良授意、柳公权书写，碑文歌颂了唐武宗的圣德。

收　藏：国家图书馆书库

　　824年，唐穆宗因为误食丹药病逝。继位的唐敬宗在位仅两年就被宦官刘克明杀害了。随后，宦官王守澄扶持唐穆宗次子李昂登基，他就是唐文宗。唐文宗虽然由宦官扶持上位，却一直不满宦官专权。在李训和郑注的帮助下，唐文宗成功赐死王守澄。835年，左金吾卫大将军韩约上报说，他家院里的一棵石榴树出现了甘露，是祥瑞的征兆。唐文宗派仇士良等宦官替自己前往查看，企图趁机将他们铲灭。仇士良到了院内后，发现周围有埋伏，马上回去劫持了唐文宗。尽管无法救出唐文宗，李训仍然命令金吾卫诛杀宦官。谁知，仇士良等人派出神策军反击，诛杀数以千计的大臣及其家属。这一事件史称"甘露之变"。甘露之变后，官宦牢牢掌握了军政大权。唐文宗被宦官挟持、压迫，于840年郁郁而终。

**博物馆小剧场**　　**唐文宗执政日记**

**1** 六年来，我的父皇、皇兄先后当上皇帝，又先后离世。而他们的地位和生死都掌握在宦官手里。如今，我也是被宦官拉上位的。我觉得自己很窝囊，堂堂一国之君，竟然要受一群阉党的摆布！

**2** 我虽然是宦官王守澄扶持上位的，但是我特别痛恨他们这些阉党，他们根本拿我当提线木偶！李训和郑注是朝廷里仅有的支持我的大臣，所以我和他们联合起来，设计除掉了王守澄。

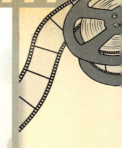

**3** 接下来要对付的就是仇士良这些阉党了。李训建议我，派郑注到凤翔当节度使。凤翔靠近京城，是军事要塞之一，郑注去那里方便调动兵力配合京城。奇怪的是，郑注被调走后，李训经常说他的坏话。

**4** 为了除掉仇士良等人，李训想了一个计谋。他让金吾卫以天降甘露为由，把仇士良骗到院子里，然后趁机伏击他们。没想到，金吾卫统领韩约的神色出卖了一切。仇士良不仅没死，还囚禁了我！

　　甘露之变是唐文宗和几位大臣对于宦官专权的一次失败的反击。虽然前期稍有成果，但李训和郑注之间的内斗，导致唐文宗的力量被削弱。甘露之变中，许多大臣被诛杀，宦官势力不仅没有被动摇，反而达到顶峰，这是唐朝加速衰落的标志。自此之后，皇帝沦为傀儡，生杀予夺完全掌握在宦官手中，朝廷内部越发混乱不堪。

## 📍 历史小百科

### "偏提"的由来

　　唐朝中期，执壶是常见的酒器，又被称为注子、注壶。到了甘露之变后，宦官因为郑注的名字，不喜欢酒器名字里的"注"音，而注壶因为能偏着手提拿，便有了"偏提"的叫法。偏提的样子跟今天的酒壶很像，有手握的柄，有注酒的喙。既能盛酒，又能注酒于杯中。

### 李下不整冠

　　在唐文宗时期，大将军郭宁把自己的女儿送进宫里，做了皇上的妃子。随后，唐文宗就给郭宁升了官，百姓对此议论纷纷。柳公权对唐文宗说："百姓都认为郭宁是因为女儿才得到官职，他们不知道其中原因，所以分不清。正所谓李树下不要整理帽子，避免被人怀疑偷李子。"柳公权的意思是说，适当地避嫌，能让人避免误会。

# 第二十节

## 唐武宗毁佛

**文物档案**

**名 称:** 唐代大秦景教流行中国碑

**出土地:** 陕西省西安市西郊

**特 点:** 是波斯景教在中国传播的证明,毁佛运动时被埋在地底。

**收 藏:** 西安碑林博物馆

　　唐文宗驾崩后,他的五弟李炎在宦官的扶持下登基,史称唐武宗。842年,唐武宗在道士赵归真和太尉李德裕的鼓动下,强令品行不端的僧人和尼姑还俗。之后又发布诏令,限制僧尼拥有的仆人数量。844年,唐武宗下令禁止供奉大型的佛教寺庙。唐武宗只邀请道士入宫,不再邀请僧人;又勒令拆除小的寺庙,让小寺庙里破戒的僧尼和年轻的僧尼还俗。次年,唐武宗下令禁止寺庙将多余土地修建成庄园,减少寺庙中常驻僧尼的数量。同时下令毁佛,将超出规定数量的寺庙全部摧毁。毁佛行动使大量寺庙被破坏,无数经书被烧毁,不计其数的僧尼被迫还俗,佛教文化遭到严重的打击。846年,唐武宗病重,毁佛政策开始松动。唐武宗病逝后,继位的唐宣帝下令停止毁佛政策。

 **博物馆小剧场** 　唐武宗的毁佛行动

**1** 经过道士赵归真的提醒,我才察觉佛教存在的弊端。僧尼不仅占有大量田地,还不用缴纳赋税。这样一来,我的王土少了,税收也少了。这怎么能行?

**2** 我的祖辈也不知道怎么想的,动不动就给寺庙赏赐。现在好了,僧尼不仅白吃白拿,还养仆人,这些仆人也不用为国家出劳力。这么算下来,我损失了多少劳动力呀?还要拨款给寺庙,这损失也太大了!

**3** 佛教必须得好好清理了！我下令让年轻的僧尼还俗，限制寺庙的仆人数量；让小寺庙倒闭，大寺庙裁员。至于废弃寺庙里的铜制佛像、钟，统统回收熔解，用来制作成钱币。要做就做到最狠！

**4** 我的身体越来越差，找了好多御医都没有好转。这时，各地新建的佛寺打着为我祈福的名义，取名"龙兴寺""延唐寺""万寿寺"等，我都默许了。只要能为我延续生命，还管它什么佛教、道教。

　　佛教的僧人及寺庙因免除赋税和徭役，使得私有土地急剧扩张，严重影响了朝廷的税收，所以唐武宗在执政时期大规模地毁佛。毁佛活动虽然声势浩大，但并没有彻底清除佛教，因为佛教已经渗透到许多人的生活中，无论是普通百姓，还是官员，都难以彻底摆脱佛教。再加上河朔三镇节度使不受管控，并没有加入灭佛活动中，这都使得佛教得以保留发展，为后期复兴做了准备。

## 历史小百科

### 唐武宗改名

　　846 年，由于长期服用丹药，唐武宗出现慢性中毒迹象，整天卧床不起。道士赵归真哄骗唐武宗，说他之所以生病，是因为名字里的"瀍"不吉利。唐武宗听从赵归真的建议，把本名改成李炎，不过，这并没有起到任何效果，唐武宗仍旧是一病不起，直到病逝。

### "以恶传恶"的仇士良

　　仇士良告老辞官之前，跟其他宦官说："皇上是个刚正不阿的人，因此你们不能让皇上闲着。你们要经常安排歌舞表演等娱乐项目，蒙蔽皇上的志气，这样我们宦官才能得志。不然皇上老是亲近读书人，我们就失势了。"宦官听了之后，纷纷对仇士良道谢。

# 第二十一节

## 唐宣宗的大中之治

**文物档案**

名　称：唐宣宗贞陵

特　点：贞陵石刻粗糙，是晚唐国力衰微、窘迫荒凉的写照，也是晚唐陵墓石刻的代表。

地　点：陕西省咸阳市泾阳县白王乡

全国重点文物保护单位

**贞陵**

中华人民共和国国务院
二零零一年六月二十五日公布
陕西省人民政府
二零零七年十月三十日

846 年，唐武宗病危。宦官马元贽（zhì）等人认为李怡便于控制，极力扶持李怡登基。李怡登基前改名为李忱，史称唐宣宗。唐宣宗即位后，励精图治，将权臣李德裕贬谪，重用科举出身的官员，结束了扰乱朝政近四十年的"牛李党争"。唐宣宗善于纳谏，还在魏徵的后代中找到魏谟（mó），任命他为谏议大夫。在宗教管理方面，唐宣宗允许寺庙新建、修复和新增僧尼，通过这种推崇佛教的手段，笼络了信奉佛教的大臣和百姓。对外关系上，唐宣宗派军击败了吐蕃、回鹘（hú）等少数民族，收复了自安史之乱后被占领的大量失地。唐宣宗在位的 13 年间，通过勤俭治国、选拔人才、减少赋税等举措，使得唐朝形势有所好转，经济发展迅速。因为唐宣宗的年号是大中，故称"大中之治"。

**博物馆小剧场**　　**唐朝最后的荣光**

**1** 父皇去世前，马元贽等几个宦官看我性格木讷，好掌控，所以想方设法立我为太子，然后又让我做了皇帝。之前宫里人都觉得我被欺负也不吭声，是傻子。其实，私下里我读了很多书。

**2** 登基后，我以闪电般的速度调走了李德裕，理由是他误导先皇毁佛。李德裕是李党的领头人物，他一走，李党基本等同于瓦解。紧接着，我提拔了几个牛党的人，他们可都是通过科举考上来的人才。

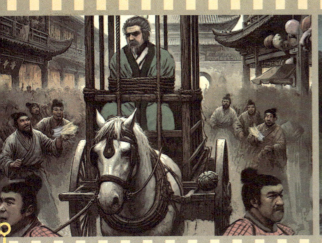

**3** 对了，误导先皇毁佛的还有道士赵归真，我把他杀了，以泄民愤。除此之外，我鼓励各地修复佛寺。我知道这会影响国家的土地资源和劳动力资源，但是我刚登基没多久，最重要的是打好群众基础。

**4** 治理国家的这些年，最令我激动的是，终于收复了河西。父皇在位的时候，一心惦记着收复河西，却因为忙着削藩无暇顾及。现在，我完成了父皇的遗志，父皇在天之灵也会感到欣慰的。

　　唐宣宗从小就喜欢读书，尤其爱读《贞观政要》，所以他执政期间极力效仿唐太宗英明治国。唐宣宗执政从谏如流、公正严明，被后人认为是与唐太宗和汉文帝比肩的君王，还有"小太宗"之称。其实，唐宣宗原本的宰相人选是诗人白居易，但他继位那年白居易去世了，唐宣宗悲痛不已，写下了一篇《吊白居易》。唐宣宗的惜才程度，在帝王之中属实少见。

## 历史小百科

### 韬光养晦的李怡

　　李怡出身卑微，母亲郑氏原本是郭贵妃的宫女，受到唐宪宗临幸而诞下李怡。李怡从小沉默寡言，又因为生过重病而显得愈发木讷。李怡的侄子李昂（唐文宗）和李炎（唐武宗）性格顽劣，经常在人多的时候逼李怡说话。李怡也不恼怒，任由大家取笑。

### 牛李党争

　　"牛李党争"指的是唐朝后期以牛僧孺为首的牛党和以李德裕为首的李党之间的斗争。牛党大多数是科举出身，原本社会地位低微；李党大多数是世家大族，靠着显赫的背景进入官场。牛李党争共持续了近40年，加剧了唐朝后期的政治危机。

# 第二十二节

## 唐末黄巢起义

**文物档案**

名　称：唐代鎏金双狮纹菱弧形圈足银盒
出土地：陕西省宝鸡市扶风县法门寺地宫
特　点：盖面刻有双狮纹，盒盖四周连珠纹组
成一个菱形。是唐懿宗的生日礼物。
收　藏：法门寺博物馆

　　859 年，唐宣宗病逝。之后继位的唐懿宗和唐僖宗两任皇帝，都因纵情玩乐而荒废朝政。874 年，关东干旱，农民颗粒无收，朝廷不但不积极赈灾，反而继续以各种名目搜刮百姓。出身盐商家庭的黄巢积极拉拢难民，为起义做准备。次年，私盐贩王仙芝率众起义，黄巢率起义军响应。黄巢采取流动战术，在黄河、淮河流域灵活作战，屡次击败唐军。朝廷改镇压为诱降，以高官职位来收买王仙芝。黄巢的队伍与王仙芝的队伍分道扬镳。878 年，王仙芝战死，队伍群龙无首，便投靠了黄巢。黄巢被推举为起义军领袖。两年后，黄巢率起义军长驱直入攻破长安，改国号为"大齐"。882 年，起义军的大将朱温降唐，联合唐将李克用等反攻黄巢。黄巢于 884 年战死，至此起义宣告失败。

**博物馆小剧场**　　黄巢的起义往事

**1** 连年的旱灾，让农民颗粒无收。朝廷不仅不开仓赈灾，还以各种名目征税。许多农民都破产了。我家里是卖盐的，比较富裕，趁机收容了一大批难民，培养他们当我的士兵。

**2** 现在的皇上整天不理朝政，让宦官一手遮天，肆意盘剥百姓。如此腐败的朝廷，还要它有何用？就在我筹备力量的时候，听说王仙芝的起义军到达了曹州，我马上带着人马投奔了他。联合起来力量才更大！

**3** 王仙芝竟然对于朝廷给出的诱饵动心了。我把他揍了一顿，然后带着两千人马出走了。我们起义的目的，是为了给百姓争取最大的利益。他要做朝廷的附属，就是和百姓为敌！

**4** 没过多久，王仙芝战死了。他那部分起义军来投奔我。我带着队伍攻入了长安。在长安城，我自立为帝，建立了大齐政权。我把唐朝三品以上的大官都杀了，三品以下的继续留任。

唐宣宗之后的两位皇帝都沉迷玩乐，导致唐朝日益衰败。整个唐朝后期，宦官手握重权，朝廷腐败不堪，藩镇割据自治，民间怨声载道。最终，统治阶级的腐朽引发了长期被压迫的农民的反抗。其中，黄巢率领的起义军使用灵活作战的办法，先后辗转 12 个省份，重创了唐朝的统治。但最终起义军内部的分裂，使得起义最终走向了失败。这也再次验证了农民起义的局限性，失败是注定的结局。

## 历史小百科

### 什么是私盐贩？

唐朝中后期，朝廷将盐的生产、销售权力全部收归国家。也就是说，百姓要是想开采和销售盐，必须向朝廷申请盐籍。但是申请盐籍的过程很漫长，而且很难被批准。由于食盐的利润很大，所以吸引了一部分人铤而走险：偷采和私售盐。私盐贩就是私自销售盐的商贩。

### 正月十五挂红灯笼的由来

黄巢率兵攻打郓城的时候，几天都攻不下来。黄巢独自一人进城打探情况时，差点儿被官兵发现，幸好一个老人救了他。老人告诉黄巢如何攻城，令黄巢非常感动。黄巢让老人告诉村民们，正月十五做几个红色的灯笼挂在门口，这样他们攻城的时候就不会伤及无辜了。起义军进城后，果然没有攻击挂红灯笼的房子。自此，这个习俗便流传了下来。

# 第二十三节

## 唐朝的灭亡

**文物档案**

**名　称**：唐代钱镠铁券

**特　点**：唐朝以来唯一存世的"免死金牌"。字是填金的，共 333 字，内容包括钱镠的爵衔、官职和受封的功绩等。

**收　藏**：中国国家博物馆

888 年，唐僖宗病逝，其弟李晔在宦官杨复恭的扶持下继位，史称唐昭宗。此时的唐朝正处于内忧外患之中，为了巩固政权，唐昭宗派壁州刺史王建、宣武军节度使朱温等人率兵铲除占据四川的宦官田令孜，又击败企图谋反的河东节度使李克用。同时，唐昭宗设法削弱宦官的权力，于 894 年以谋反罪诛杀杨复恭及其党羽。次年，陇西郡王李茂贞率军逼近长安。唐昭宗抵挡不过，逃离长安自保，半路上被李茂贞的盟友韩建软禁近三年。898 年，朱温占领洛阳，势力逐渐强大。为了对抗朱温，其他藩镇暂时结盟，让唐昭宗回到长安。900 年，宦官刘季述等囚禁唐昭宗，唐昭宗被迫让位给太子李裕。901 年，朱温拥护唐昭宗复位，受封梁王。904 年，朱温刺杀唐昭宗，扶持唐哀帝继位。

**博物馆小剧场**　　**唐昭宗波折的人生**

**1** 一开始别的大臣都说立先皇的儿子当皇帝，我作为先皇的弟弟没想过自己还有机会。然而，宦官杨复恭力排众议，帮我争取到了这个皇位。但是我并不感激他，我知道他是为了利用我独揽大权。

**2** 宦官专权一直是我朝的致命问题。为了除掉杨复恭一党，我表面上作出很顺从的样子，暗地里却搜集了杨复恭大量谋反的证据。对于杨复恭及其党羽，我绝不手软。唯一的变故是，杨复恭逃了一年才被抓到。

**3** 另一个祸害我朝的宦官田令孜，也被我派去的王建杀了。我还封王建为蜀王，管理四川地区。但是我没想到，王建野心勃勃，竟然拥兵自立，自己当起了皇帝。

**4** 我一直无法动摇的是藩镇，河东的李克用打不过，陇西的李茂贞对我无礼，宣武的朱温更不用说了。宦官刘季述等人竟然把我关在小屋，每天从墙洞里送饭给我吃。我这皇帝当得太窝囊了！

　　唐昭宗即位的时候，朝廷内有宦官专权，外有强大的藩镇自治，天子权力低微，整个社会已经处于分崩离析的状态。四川的战乱虽然平息了，但是攻打四川的王建却自立为帝。河东的战役尽管削弱了李克用的实力，却在无形中为朱温铲除了一大障碍。尽管朱温帮助唐昭宗复位，但唐朝的大权被他握在手中，唐朝已经名存实亡。

## 历史小百科

### 钱镠铁券的由来

　　唐昭宗时期，藩镇纷纷拥兵自重，中央权力低微。在这种情况下，镇守浙江西部的钱镠却屡次为唐朝立下汗马功劳。唐昭宗非常感动，将一个金书铁券赐给钱镠。铁券上的字都填了金，上面写着：钱镠可以免除九次死罪，钱镠后代可以免除三次死罪。这就是传说中的"免死金牌"。

### "颐指气使"的故事

　　朱温有个手下叫李振，考了几次科举都没考上。因为这个，李振尤其痛恨进士。朱温得势后，经常派李振去监督唐昭宗和一些大臣。李振仗着他的权势，经常用动动下巴的方式示意别人做事，脸上的表情也盛气凌人。这就是成语颐指气使的由来。

# 第三章

## 大分裂时期——五代十国

# 第一节

## 后梁：五代第一个王朝

907 年，梁王朱温逼迫唐哀帝禅让而后即位，建立后梁，史称梁太祖。梁太祖在位期间，基本统一了黄河流域的中下游。为了巩固统治，梁太祖鼓励农耕，减轻租赋，使得经济得到恢复。同时，为了保证地方的稳定，梁太祖命令各地军事将领在行政方面必须服从地方官员安排，使得地方的治安有所保障。梁太祖虽然力行改革，也时刻约束官员言行，自己却残暴嗜杀。在与仇敌李克用及其儿子李存勖（xù）的交战中，梁太祖滥杀黄河两岸的无辜百姓，严重破坏了当地的经济发展。912 年，梁太祖有意立养子朱友文为太子，引发次子朱友珪不满，最终被朱友珪（guī）杀害。自此，后梁陷入政治斗争中，逐渐分裂、没落。923 年，后梁被后唐灭掉，共存在 17 年。

## 博物馆小剧场　梁太祖的发家史

1 我的军队之所以所向披靡，是因为我制定了严格的军队纪律。只要谁敢临阵脱逃或者战败生还，一律斩首。士兵上战场前，我都让人在他们脸上刻字，这样他们就别想逃掉。

2 我参与过黄巢起义，知道农民这一阶层是社会稳定的基础。所以我当了皇帝之后，不仅减免农民的赋税，如果农民积极生产，我还会额外奖励他们。这一政策果然很好用，战乱以来的经济恢复得很快。

**3** 以前地方军队和地方行政机构是独立存在的，谁也管不了谁。但现在我规定，在和平时期，地方军队要听令于地方行政长官。我是通过藩镇起家的，很清楚军队的权力越大，越有可能割据于一方。

**4** 最令我头疼的是我的死对头李克用。我想攻下山西太原，潞州是必争之地，好巧不巧，李克用在那儿占着，我怎么都攻不下来。好不容易他病死了，他的儿子李存勖整天咬着我不放，让我军伤亡惨重。

后梁是五代的第一个朝代，也是五代中疆域最小的。梁太祖朱温之所以致力于恢复农耕经济，是因为他曾参与过黄巢起义，意识到农民和土地对于巩固政权的重要性。而在行政方面，让地方军队听令于地方官员的做法，发挥了军队的保民作用。但是梁太祖实行严苛刑罚，滥杀无辜，也影响了军队的凝聚力，导致后期国家军事实力一蹶不振。

## 📍 历史小百科

### "五代"和"十国"的区别

"代"指的是朝代，最高统治者称为皇帝。"国"指的是地方政权，最高统治者称为王。也就是说，称帝的政权才能算是一个朝代。五代都在北方（中原），统治者都有称帝，然后一代被一代取缔，又一代一代地延续，是顺承的关系。十国大多在南方，是地方分裂割据的政权，是相继或同时存在的。

### 什么是"跋队斩"？

"跋"读音通"拔"，跋队斩的意思是把军队连根拔起、全部斩首。这是梁王朱温在唐末时期盘踞藩镇时常用的军事手段。在作战的时候，如果将领战死了，那么士兵也必须血战到底；如果战争失败了，那些没有战死的士兵就会被全部杀掉。

# 第二节

## 后唐：五代十国里疆域最广的王朝

**文物档案**

**名　称：** 后唐天成铜钟

**特　点：** 青铜铸成，重150多斤，刻有铭文。是研究后唐年间铸铜技术的珍贵实物。

**收　藏：** 福建省龙岩博物馆

907年，朱温建立大梁后，河东的晋王李克用成为北方最强大的势力。此时的李克用只认定唐朝，把后梁视为伪朝廷。次年，李克用去世，其子李存勖继承晋王位。923年，李存勖称帝，沿用"唐"国号，史称后唐，李存勖就是后唐庄宗。唐庄宗即位后，追封李克用为武皇帝。同年，后唐庄宗攻破后梁，定都洛阳后，开始不思进取、沉湎声色、重用奸臣，还滥杀功臣。此外，后唐庄宗肆意挥霍国库，横征暴敛，导致百姓怨声载道。926年，在士兵的拥护下，将军李嗣源发动兵变，后唐庄宗被杀。随后李嗣源自立为帝，史称后唐明宗。后唐明宗即位后励精图治，大力发展民生。其间，南平、南楚先后归顺，后唐疆域前所未有的广阔。936年，后晋高祖石敬瑭引辽兵攻入洛阳，后唐灭亡。

**博物馆小剧场** ▶ 跌宕起伏的后唐

**1** 我是李克用的养子，一直跟随他和李存勖征战四方。父王的地位早已无异于皇帝，却始终没有称帝，安分地当臣子。父王一直告诉我们，唐朝才是正统，大梁不过是伪政权。

**2** 父王去世后，李存勖等了16年才称帝，并以光复唐朝的名义，除掉了后梁。我一直都很支持他，希望他能做个好皇帝。谁知道，他刚把后蜀拿下，还没实现统一，就开始腐化了。

**3** 李存勖仅听公公说将军们有功高盖主的嫌疑，就把老臣郭崇韬打死了。李存勖的宠臣还把我的儿子软禁了。士兵们一直劝我起兵，女婿石敬瑭也劝我。于是我一把火将李存勖住的地方烧了，并杀死了李存勖。

**4** 我如愿当上皇帝，但丝毫不敢懈怠。我时刻铭记唐朝灭亡的原因，全力推动社会生产的发展并保证政治清明。我先后收复了南平和南楚，使后唐成为诸多割据势力里版图最大的一方。

后唐虽然沿用了唐昭宗的年号，并且以"复兴唐朝"为由攻打后梁，但其实已经跟唐朝宗室并无血缘关系了。李克用是沙陀族人，所谓李姓是唐朝皇帝赐予的。后唐在收复了南楚之后，成为五代十国中疆域最广的朝代，被称为"天下四分已得三分"。在后唐明宗的统治下，后唐虽然有所起色，但是国内和国外的局势都很不稳定，灭亡只是时间问题。

## 历史小百科

### "磨穿铁砚"的故事

在后唐，有个书生叫桑维翰，他想考进士，考了两次都失败了。第一次，迷信的考官认为桑和丧一个音，便没有录取他。第二次，他写了一首《日出扶桑赋》，赞美扶桑，也没录取。桑维翰十分不甘，他做了一块铁砚台，发誓要把铁砚磨穿了才放弃考试。最终，功夫不负有心人，桑维翰终于如愿考中进士。

### 小名"李亚子"

李存勖11岁的时候，就跟着父亲打仗。一次大获全胜后，父子二人到长安领赏。唐昭宗见了李存勖，觉得他面相非凡。临走时，唐昭宗对李克用说"此子可亚其父"。意思是李存勖的功绩可以超过他的父亲，于是李克用给儿子取了个小名叫"李亚子"。

# 第三节

## 后晋：契丹扶持的傀儡政权

**文物档案**

名　称：后晋石重贵墓志（拓片）

特　点：记录了后晋末代皇帝石重贵的生平、功绩等。题首铭文为"大契丹国故晋王墓志铭并序"。

收　藏：辽宁省博物馆

　　936年，河东节度使石敬瑭计划让出幽云十六州，认契丹皇帝作父，称臣称儿。大臣刘知远等认为幽云十六州是北方屏障、中原要塞，不能丢失，但石敬瑭一意孤行。随后，石敬瑭在契丹的扶持下在太原称帝，国号为晋，史称后晋高祖。同年，后晋高祖借助契丹兵力攻破洛阳，歼灭后唐。然而，各藩镇认为向契丹称臣一事十分耻辱，甚至有节度使大关城门，拒绝契丹使臣进城。942年，后晋高祖去世，其侄子石重贵继位，史称后晋少帝。后晋少帝为了摆脱契丹的控制，宣布对契丹称孙而不称臣，此举惹怒了契丹。契丹发兵讨伐，前两次后晋尚能反击，但第三次时，后晋大臣杜重威率领的主力军因弹尽粮绝投降。947年，后晋少帝被迫投降，后晋灭亡。

**博物馆小剧场**　　后晋少帝窝囊的一生

**1** 叔叔石敬瑭不甘心当节度使，但又打不过后唐，便想了个跟契丹借兵的法子。叔叔那么大年纪，硬着头皮认契丹皇帝当父亲，又承诺把幽云十六州割让给契丹。这绝对是大手笔啊！

**2** 在契丹的帮助下，叔叔如愿战胜了后唐，还当上了皇帝。叔叔原本跟各藩镇节度使称兄道弟，可自从他又是认契丹皇帝作父，又是割地，大家都对他的行为很不满，甚至有人起兵反抗。

**3** 我大晋的势力四分五裂，其中一半握在刘知远手里。所有人都在骂我们叔侄是卖国贼。我登基后想改变这种局面，拒绝向契丹称臣。这令契丹皇帝很生气，接连派兵攻打我们好几次。

**4** 前两次交战，我们还勉强能应付。然而第三次交战，我方最重要的大将杜重威被迫投降了。没有了杜重威，我也派不出谁来抵抗强大的契丹了。除了投降，已经没有别的选择了。

　　幽云十六州地处中国北方，囊括燕山、太行山脉，且有长城作为屏障，历来是抵御北方游牧民族入侵的中原门户。这片领土本是后唐的，并非石敬瑭的个人领地。然而，石敬瑭为求自保，竟不顾民族大义，将这一战略要地割让给契丹，并认比自己小 11 岁的契丹皇帝为父。石敬瑭的这一行为在当时引起广泛反对，也为世人所不齿。

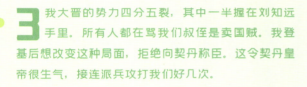

历史小百科

### 《旧唐书》的编纂

　　唐朝历代都有编撰史书，但自唐武宗以后，因为动荡与忽视，导致历史资料缺失。941 年，后晋高祖石敬瑭为凸显其政权的正统性，下令修订唐朝历史，由宰相赵莹、刘昫负责选人和监督，张昭远、贾纬等人编纂。书于 945 年完成，共 200 卷，名为《唐书》（后宋祁、欧阳修等所编著《新唐书》问世，才改称《旧唐书》），为后人研究唐朝提供了丰富的资料。

### 石敬瑭的野心与谋略

　　后唐末帝对石敬瑭有疑心。石敬瑭一方面对来访的大臣装病，欺瞒后唐末帝；一方面又经常向后唐末帝索要军粮，谎称囤积军粮预防契丹入侵。如此，唐末帝不仅打消了疑虑，还不断输送军粮给石敬瑭。石敬瑭深藏野心不露，可他的部下却急吼吼地高呼万岁。石敬瑭怕东窗事发，把带头呼喊的人全杀了。

# 第四节

## 后汉：最短命的政权

文物档案

名　称：后汉汉元通宝
出土地：河南省扶沟县小王庄
特　点：青铜质地，形制与开元通
宝类似，是后汉国发行的钱币。
收　藏：中国国家博物馆

　　947年正月，后晋灭亡。契丹占据中原后，以"打草谷"的名义四处抢掠，失去民心，只好北撤。二月，刘知远抓住时机，趁势占领中原，并在太原称帝，沿用后晋高祖石敬瑭的年号。他下令禁止向契丹上缴贡品，并慰劳反抗契丹的士兵和百姓，深受中原军民爱戴。六月，在大将郭威的建议下，刘知远从汾水南下，举兵攻破洛阳和汴（biàn）京，驱逐契丹大军，稳定了中原局势。在汴京，刘知远正式改国号为汉，史称后汉高祖。948年，后汉高祖病逝，临终任郭威为顾命大臣，其子刘承祐继位，史称后汉隐帝。950年，因藩镇兵变，后汉隐帝派郭威征讨，结果郭威反叛。后汉隐帝被叛军杀害，后汉政权覆灭。

 博物馆小剧场　前期团结的后汉

**1** 父皇虽然称帝了，但是没有忘记提拔过他的石敬瑭，用的还是石敬瑭的年号。父皇对旧主石敬瑭如此尊敬，俘获了不少后晋老臣的心。父皇掌握实权后，极力争取夺回中原领土。

**2** 父皇不仅派兵攻打契丹大军，还奖励保卫地方的士兵。各藩镇受到鼓励，联合起来抗击契丹官兵。不只是官兵，百姓也众志成城，想方设法制造兵器抵御契丹。契丹人终于被赶出了中原。

**3** 没想到，外忧刚解决，内患又起来了。唉，各藩镇之前因为厌恶契丹人，所以才暂时团结一致，但并不代表他们愿意臣服于父皇。这契丹人一走，各藩镇便又拥兵自重，不停地闹事，国家又动荡不安了。

**4** 父皇病逝后，我派出郭威讨伐藩镇。但我内心总是有隐隐的不安。后晋时就有过一员大将，临危受命时对皇室倒戈相向。我想除掉郭威，结果几次都没成功。怎么办？

刘知远是沙陀族人，因多次救助石敬瑭而深得其信任，逐渐发展了势力。他趁契丹灭亡后晋之机占领太原，自立为帝，建立后汉政权。登基后的刘知远所任官员多为武将，对待百姓也残暴不仁，导致民间怨声载道。尽管后汉隐帝清理了这些残暴官员，但对功臣郭威的猜忌和刺杀行为，却直接加剧了后汉的动荡和灭亡。后汉仅存在 3 年，成为五代十国中最为短命的政权。

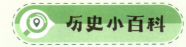

### 历史小百科

#### 什么是"打草谷"？

　　五代十国时期，契丹实力强大，经常侵扰中原边境。在消灭后晋后，有部分契丹官兵驻扎在中原。投降的后晋官员申请军饷时，契丹皇帝说："我们契丹从来没有这种规定！"于是，契丹皇帝让官兵以牧马为由，在中原地区四处劫掠，拿抢到的东西作为军饷，美其名曰"打草谷"。

#### 刘知远救石敬瑭

　　后唐时期，石敬瑭碰到了出逃的后唐闵帝李从厚，两人在房间里密谈。刘知远担心石敬瑭安危，派勇士石敢保护他。其间，李从厚的随从挥剑刺向石敬瑭。幸亏石敢及时挡住，并掩护石敬瑭躲进旁边的屋子里，用巨木挡住门。等刘知远率兵赶到的时候，石敢已经战死，而石敬瑭安然无恙。

# 第五节

## 后周：五代的最后一个王朝

**文物档案**

名　称：后周佛顶尊胜陀罗尼石经幢

出土地：山东省聊城市东昌府区李太屯

特　点：八面柱形，分幢底、八面幢柱、雕莲花盖和蘑菇状幢顶四重，顶上为火焰宝珠。

收　藏：聊城市博物馆

951 年，郭威称帝，定国号为周，史称后周太祖。后周太祖在位期间，治国有方，勤政爱民，不仅任人唯贤、改良朝廷内外的政治氛围，还废除了残酷刑法，免除了苛刻赋税，放宽了对盐、酒、皮革的禁令，鼓励商业贸易。在后周太祖的精心治理下，后周经济发展迅速。954 年，后周太祖去世，其养子柴荣继位，史称后周世宗。后周世宗即位后，鼓励进谏，整顿军队，奖励农耕，并亲自带领军队南征北战，屡战屡胜；北伐契丹时，更是收复了 3 州 3 关 17 县。959 年，后周世宗因操劳过度病逝，其年仅 7 岁的儿子柴宗训被迫仓促继位。次年，禁军将领赵匡胤发动陈桥兵变，被黄袍加身，后周随之灭亡。

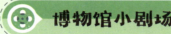

## 博物馆小剧场　少有的开明皇帝

**1** 父皇在世的时候，经常跟我说要勤政为民。有大臣建议把好的农田收归国有，得到的钱拿来充实国库。父皇非常生气，说这些无主田地分给百姓，让百姓有粮食、有收入，才是真正对国家好。

**2** 父皇生活上十分节俭，不允许宫里使用华丽的器具。在他的影响下，全国上下都兴起了节俭之风。父皇病重的时候，跟我说他的后事也要从简。父皇是我最好的榜样，我也要成为他那样的贤君。

**3** 我即位的第一年，北汉联合契丹进犯我朝。臣子们都奉劝我不要亲征，但是我力排众议，亲自上阵。在高平之战中，几个武将因为惧战临阵脱逃。关键时刻，我亲临一线，士兵们大受鼓舞，最终大败北汉。

**4** 治理国家方面，我鼓励农民耕种，减轻赋税，在闹旱灾和蝗灾的地方开仓济民。有些地方因为战乱断了水运，我就派人去修。我昼夜不分地处理朝政，只希望能还百姓一个太平盛世。

　　五代史的后梁、后唐、后晋、后汉、后周，都有个"后"字。这是因为在之前就有同名的朝代了，为了便于区分才加了个"后"字。后周作为五代最后一个朝代，统治者后周高祖励精图治，改变了自后梁以来武将掌权的残暴统治。柴荣即位后采用的治国理念和取得的改革成果都超越了后周高祖，被称为"五代第一明君"。后周两代君主的励精图治，为北宋统一中原打下了坚实的基础。

## 历史小百科

### 争分夺秒的郭威

　　后汉隐帝想杀郭威，郭威知道后马上伪造圣旨，称后汉隐帝让自己铲除武将。各将领得到消息十分生气，拥护郭威起兵反后汉。郭威灭了后汉后，扶持节度使刘赟为帝，自己则率兵抵御契丹的进犯。在刘赟抵达京城之前，郭威军中发生兵变，士兵都拥护郭威为帝。郭威又抢先回到京城，逼迫太后交出朝政大权，并废黜刘赟。

### 弃商从戎的柴荣

　　柴荣从小就老实本分，因为他的姑姑嫁给了郭威，所以他经常帮郭威做杂活。郭威十分喜欢柴荣，收柴荣做养子。当时郭威家境一般，柴荣为了补贴家用，做起了茶商。其间，柴荣读了很多书，还抽空学习骑射，练就了一身本领。柴荣长大后就放弃了经商，从军跟着郭威打仗。

# 第六节

## 前蜀：高举复兴大唐的旗号

　　907 年，唐朝灭亡后，占据中原的后梁太祖朱温派出使臣，劝说原蜀王王建归顺后梁。王建统领蜀地数十载，自身实力强盛，当然不愿臣服后梁。王建以"复兴大唐"为由，想煽动各藩镇一起讨伐篡位的朱温，但没有人理会他。九月，王建自立为帝，国号大蜀。王建在位期间，注重农业生产，兴修水利工程，支持发展文化，并采用了"与民休息"的政策，使得蜀中地区的经济得到很大程度的恢复。918 年，王建去世，其子王宗衍即位，后改名王衍。王衍登基时年仅 17 岁，加上沉迷玩乐，使得朝政大权旁落宦官手里。此时的前蜀盛行买卖官职，上至后宫、朝廷，下到地方官员，大多徇私舞弊，朝政十分腐败。925 年，后唐庄宗李存勖起兵攻打前蜀，前蜀至此灭亡。

### 博物馆小剧场　前蜀末帝的儿戏人生

**1** 我 8 岁时，父皇跟我说朱温偷了别人的皇位，心虚而底气不足，想和他们这些藩镇主做好朋友。结果，河东的李克用第一个跳出来，拒绝了朱温的橄榄枝。父皇说与其居于人后，不如争当第一。

**2** 后来，父皇每天都很忙碌，既要管理官员，又要颁发政策，还着重推行了一个叫"与民休息"的政策。父皇头发都花白了，每天还要处理政务到很晚。唉，做皇帝要这么辛苦吗？

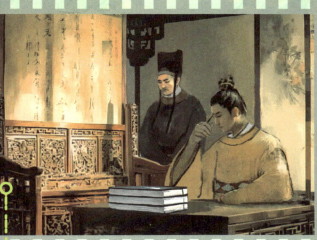

**3** 父皇真是操劳到生命的最后一刻。他走了，我坐上了皇帝的位子。可是我不会治理国家，也不想那么辛苦，吃喝玩乐才是我想要的。身边的公公都积极主动帮我处理政务，那就交给他们吧！

**4** 有人拿着稀世珍宝，跟我讨个一官半职，我当然不能拒绝。到后来，跟我玩得好的，我就让他做官；我讨厌的人，就撤了他的职。我不知道朝廷里的人每天都在干什么，反正都夸我。啊，做皇帝真不错！

王建曾被唐昭宗封为蜀王，所以他建国后定国号为"大蜀"。在王建统治期间，前蜀成为当时最稳定、综合实力最强的国家。也因为这样，后梁太祖朱温迟迟不敢对前蜀轻易用兵，直到王建去世后，王衍把国家糟蹋得差不多了才来攻打。为什么王建都称帝了，他的统治政权也不能称为"代"呢？这是因为，在古人看来，只有占领了黄河中下游的中原一带才算得上是正统政权，而前蜀在蜀地，不被认可。

 **历史小百科**

王建谥宝

### 将帅遥领州镇的第一人

在唐僖宗流亡蜀地期间，王建奉命保护唐僖宗的安危。一次，山里的栈道被藩镇兵放火烧了，王建便拉着唐僖宗的马冒着火光突出重围。这令唐僖宗十分感动，次年便任命王建为壁州刺史遥领壁州。遥领的意思是只赐官职，不用到实地去上任。王建也成为将军中遥领州镇的第一人。

### 王建与朱温的印文之争

后梁太祖朱温派使臣出使蜀国，印文的落款是"大梁入蜀之印"。宰相张格说唐朝出使异族才会这么写，朱温跟着这么写，说明他没有把我们当成正统政权。王建非常生气，隐忍着不杀大梁使臣。等朱温去世后，王建派使臣慰问，印文的落款处写上了"大蜀入梁之印"，以报当年之仇。

# 第七节

## 后蜀：短暂的繁荣

后唐攻破前蜀后，内部局势日益动荡。李存勖继位后，处死了灭蜀的功臣郭崇韬（tāo），蜀地军队出现动乱。西川节度使孟知祥临危受命，来到蜀地安抚军民，后又被任命为蜀王。934年，后唐明宗病逝，后唐势力四分五裂。同年，孟知祥在成都称帝，定国号为蜀，史称后蜀。七个月后，孟知祥病逝，其子孟昶（chǎng）继位。孟昶继位时年仅15岁，没有能力亲政。手握大权的将相目无法纪，奢侈放纵。为了分化这些老臣的势力，孟昶采用了逐个击破的办法。孟昶亲政后，对待政事十分勤勉，将后蜀治理得井井有条，百姓安居乐业。然而，到了统治后期，孟昶开始沉浸在奢侈腐化的享受中，后蜀国力日渐衰落。964年，宋太祖赵匡胤派大将王全斌攻打后蜀。965年，孟昶投降，后蜀灭亡。

### 博物馆小剧场　走向灭亡的后蜀

**1** 原本蜀地是后唐的领土。可是后唐新皇竟然一登基就大杀功臣，让后唐局势日益动荡，根本无力管理蜀地。而父皇治理蜀地多年，深得官民爱戴。可以说，父皇称帝绝对是天时地利人和。

**2** 没想到父皇那么快就驾崩了，我只能接过皇位。可我对政事懂得太少，父皇的那些老部下、大臣都说帮我治理国家。谁知道他们不仅滥用权力，还十分嚣张跋扈。其中，最过分的要数辅政大臣李仁罕和柱国张业。

**3** 李仁罕是张业的舅舅，为了防止两人联合起来，我先铲除了李仁罕，再让张业当上丞相，让他沉浸在至高的权力里。然后我又找机会除掉了张业，其他老臣见状纷纷主动辞官。我终于掌握了整个国家的大权。

**4** 多年来，我一直勤政为民，所以国家才会安定和谐，百姓才能生活幸福。不过国家越安定，我的政事就越少，所以我过得越来越清闲。直到赵匡胤的大军打过来，我才惊醒，我的国家原来已经不行了！

　　孟昶原本是一个有雄才大略的君主，在他统治期间，蜀地维持了三十多年的和平与稳定。后蜀为什么没有趁强大扩充领土呢？这是因为后蜀朝廷崇尚奢侈，一旦发动战争就会耗尽国库以及地方资源，所以朝廷内外极力反对战争。再加上中原地区的政权动荡，没有精力对后蜀发起讨伐。所以无论是主动发起的战争，还是被迫应战，后蜀都没有发生过。

## 历史小百科

### 蜀石经的历史地位

　　《蜀石经》石碑共有 1000 余块，上面刻有儒家的《周礼》《论语》等 13 部经典之作。从 938 年开始镌刻，历经近两百年刻成，是中国历代石经刻录里最大规模的一次。蜀石经的书法和刊刻，由各时期的书法高手完成。蜀石经既体现了五代十国时期蜀地对于文教的重视，也是研究儒学的重要文物，在中国文化史上影响深远。

### 春联的由来

　　古代的春联是文学和民俗相结合的产物。在后蜀灭亡的前一年春节，孟昶写了一副对联："新年纳余庆，嘉节号长春。"孟昶写好后，让人附上桃符，贴在寝宫门口。民间纷纷跟着效仿，此后，便有了过春节贴春联的习俗。孟昶亲笔题写的春联也是中国历史上第一副春联。

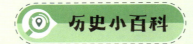

# 第八节

## 南吴：动荡不堪的政权

**文物档案**

名　称：南吴木雕曲颈琵琶

出土地：江苏省扬州市邗江区浔阳公主大墓

特　点：桫木质地，器身实心，细长颈曲折成直角，有四对弦柱。

收　藏：扬州市历史博物馆

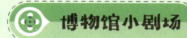

　　唐朝末年，淮南节度使杨行密割据江淮，称霸一方。902年，唐昭宗册封杨行密为吴王，标志着吴国政权的初步建立，史称南吴。905年，杨行密去世，其子杨渥（wò）继位，但因昏庸无能，放纵亲信，导致群臣不满。907年，后唐为后梁所灭。同年，南吴权臣张颢（hào）、徐温发动兵变，杨渥成为傀儡。908年，张颢杀杨渥，扶杨渥的弟弟杨隆演继位，随后张颢被徐温所杀，自此由徐温掌控南吴。919年，杨隆演在徐温父子的操控下正式建吴国，但未称帝。920年，杨隆演病逝，其弟杨溥继位，由徐温养子徐知诰辅政。927年，在徐知诰的安排下，杨溥称帝。935年，徐知诰让杨溥封自己为齐王。937年，徐知诰胁迫杨溥禅位，至此南吴灭亡。

### 博物馆小剧场　　"窝里横"的政权

**1** 父王一生戎马，一步步扩大在江南地区的势力范围。他一面鼓励生产，一面引入外来的难民，增加生产力，终于让江南的经济恢复过来了。唐皇估计是怕父王独立吧，赶紧册封父王为吴王。

**2** 眼看着我国朝着越来越好的方向发展了，父王去世了。根据长子继承制，我的大哥杨渥继承了王位。大哥自己没本事，还整天想着玩乐。他那些狗仗人势的亲信把朝廷搅得乌烟瘴气。太气人了！

**3** 所谓自作孽不可活，大哥被大臣张颢杀了。我的另一个哥哥杨隆演被扶持继位，可惜朝政早已掌握在徐家的手上。我即位之后，也要看徐知诰的脸色。有时候他比我更像国王，这令我感到不安。

**4** 当傀儡的滋味真不好受啊，我每天都担心哪天一个不注意，就被徐知诰杀了。终于有一天，我收到了徐知诰要建国称王的消息。我没做任何反抗，当即禅位给了徐知诰。

　　杨行密统治期间，南吴是南方最强大的政权。杨行密不仅统领了江淮地区，还抵挡了后梁朱温的南下扩张，为政权稳定奠定了基础。但是他的儿子杨渥继位后，奢靡放纵，使得吴国政权旁落在徐氏的手上。虽然杨行密及其后代建立的政权叫吴国，但是历史上有过两个吴国，分别在春秋战国和三国时期。为了区分，一般称杨行密的吴国为"南吴""杨吴"。

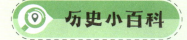

### 历史小百科

#### 老谋深算的杨行密

　　朱延寿是杨行密的妻弟，杨行密怀疑朱延寿有谋反之心，便打算试探他。杨行密假装突发眼疾，又跟妻子说自己无力治国，只能托付给朱延寿。夫人很高兴，当即叫来朱延寿商量。杨行密趁机杀了朱延寿，把妻子也休掉了。

#### 杨行密与徐知诰的关系

　　徐知诰原本是孤儿，在战争中被杨行密俘虏。杨行密见其聪慧，便收为养子。此举遭到了杨行密其他儿子的反对，他们认为徐知诰出身卑微，不能和他们平起平坐。无奈之下，杨行密将徐知诰送给徐温作为养子。事实上，后来徐知诰逼迫杨溥禅位时，正是因为这层关系才没有痛下杀手。

# 第九节

## 南唐：全面发展的政权

**文物档案**

名　称：南唐《韩熙载夜宴图卷》

特　点：南唐画家顾闳中作品，再现了南唐巨宦韩熙载家开宴行乐的场景。

收　藏：北京故宫博物院

938 年，徐知诰建立政权，他恢复李姓，改名李昪（biàn），自称是唐宪宗的后人，国号唐，史称南唐。李昪执政期间继续招抚难民，鼓励农业生产。同时，李昪由尚武转为尚文，大力推行科举制，兴办学校，使得文化得到蓬勃发展。李昪鼓励商人外出交易，使得纺织业、盐业、造船业等多方面获得发展。945 年，李璟继位，之后大规模对外用兵，先后拿下闽国和南楚。不过南楚后来被武陵人周行逢夺回。955 年至 958 年间，后周三次攻打南唐。南唐无力抵抗，被迫割让江北之地，以及淮南十四州，同时缴纳高额贡奉。958 年五月，李璟去除帝号，自称国主，史称南唐中主，向强大的后周称臣。975 年，北宋军队讨伐南唐，攻占都城金陵。南唐后主李煜上表投降，南唐灭亡。

### 博物馆小剧场　　南唐李煜日记

**1** 我出生那年，高祖称帝。高祖自称是大唐宪宗皇帝的儿子的第四代孙子，不仅改了名字，还改了国号。据我所知，我们跟大唐王室并没有血缘关系。我猜，高祖这么做是为了让我们的政权被认为正统吧。

**2** 高祖绝不是口头画饼的君主。他即位之后，励精图治、保境安民，唐国无论是文化、政治、经济还是军事实力，都得到了均衡的发展。跟其他只会打来打去的割据势力相比，我们唐国发展得最完善。

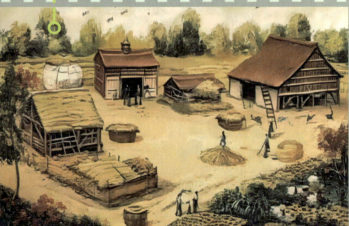

**3** 我的父王继位后，他很有野心，而且手腕强硬，先后灭掉了闽国和南楚。但是也因此被后周盯上了，后周连续攻打我们三次，导致我们的水军全军覆没了。父王被迫割让富饶的江北和淮南。

**4** 父王在时，我的日子过得非常潇洒，每天写写诗，看看歌舞。父王驾崩后，我仓促继位，论写诗文，我不服气任何人，但治国，我哪里懂啊？所以当宋军攻打过来的时候，我没怎么抵抗就投降了。

徐知诰建立政权后，领土跨越江南、江北，实现了两个地区之间的经济互补。淮南原本是重要的盐产地，割让了淮南之后，南唐不得不以高价向其他国家买盐。长期的供奉和高价采买，导致南唐财政紧张，只能通过加重征收百姓的赋税来弥补，这造成了社会的动荡不安，给了北宋可乘之机。南唐三位皇帝的文化素养都很高，后主李煜又是个喜欢文学创作的人，创作了许多传世的作品。

## 历史小百科

### "功高震主"的韩熙载

韩熙载是南唐的三朝元老，在朝中具有举足轻重的地位。南唐后主李煜登基后，南唐统治集团内部斗争激烈，而李煜又猜疑心很重，为求自保，韩熙载故意表现得放荡不羁，每日家中歌舞升平。有一次，李煜派顾闳中和周文矩两名御画师去探查情况，顺便把韩熙载家的情况画下来给他看。韩熙载借机展现了一种不问时事沉湎于歌舞、醉生梦死的生活状态。这个场景被顾闳中画了下来，成就了著名的《韩熙载夜宴图》。

### 南唐的商人

南唐重视商业发展，与后蜀等国有贸易往来，外出交易的商人不计其数。有一次，北宋在荆南地区建造战船，被正在做生意的南唐商人发现了。南唐商人上报后主李煜，请求派人偷偷烧毁战舰，以免被用来攻打南唐。结果，李煜担心遭到报复，拒绝了商人的请求，从而错失了战机。

# 第十节

## 吴越：老实称臣的政权

**文物档案**

名　称：吴越钱镠66岁银简

特　点：用于道教的祈福仪式，目的在于天人沟通。共253字，上面记录着钱镠祈求龙王保佑的内容。

收　藏：浙江省博物馆

　　907年，唐朝灭亡后，占据浙东、浙西十三州的镇海节度使钱镠向后梁称臣，被封为吴越王。923年，后唐灭后梁后，钱镠向后唐称臣，被封为吴越国王，正式建立吴国。钱镠一边向中原的正统政权称臣，一面改府署为朝廷，让官员称臣。钱镠执政期间，采取保境安民和与民休息的政策。同时征召农民修筑钱塘江石塘，设置专管水利的水营使，发展了太湖地区的圩田，使得农业得以迅速发展。吴越国和南吴结盟后，除了两次发兵讨伐闽国，并没有重大的战争，社会相对安定。此外，吴越国还和新罗、渤海、契丹等国友好往来，促进了对外贸易的发展。随着中原政权的变化，吴越国历代继位者先后尊后晋、后汉、后周和北宋为正统。978年，吴越国不战而降北宋，至此灭亡。

**博物馆小剧场**　**心系百姓的钱镠**

**1** 自从唐朝灭亡，中原政权就四分五裂。我原本就是个节度使，乐于保卫一方平安，从没有反心。我只想我治下的民众安居乐业，不要打仗，这才是最重要的。所以，谁在中原称帝，我就向谁称臣！

**2** 其他的割据势力都建国了，也有人劝我称帝，我不想太惹眼。所以，我向梁称了臣，梁帝封我为吴越国国王。虽然我不称帝，但我也有自己的小朝廷，官员制度跟正统王朝一样。

**3** 没想到，梁国很快被唐国灭了，我可不想闹腾，顺势向唐称臣。唐皇对我的表现非常满意，竟封赏我玉册和金印。要知道，这玉册一般是皇帝即位才用的，足以见得唐皇对我的重视。我这称臣也值了！

**4** 我的领地上有丰富的河流和大量无主田地，所以，我在水利这块很用心，不仅修建了钱塘海塘工程，还设置专员管理灌水、排水、蓄洪等工程。河岸附近的农田得到灌溉，农民自然大丰收。

吴越国在江浙一带实力强盛，完全可以跟北宋抗衡，为什么统治者选择臣服而不是对抗呢？这并不是吴越王胆小怯弱，而是他为了保护百姓，避免子民因为战争国破家亡、妻离子散，最终做出的伟大放弃。吴越国和平投降北宋的这一事件也被称为"纳土归宋"，开创了和平统一的先例。当时，十国中只剩下吴越国和北汉，中原统一也是大势所趋。

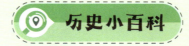

### 历史小百科

#### 什么是圩田？

圩田，音同"围田"，指有土堤包围，能防止外边的水侵入的农田。长久以来，开垦圩田是农民用来改造低洼地区，向湖争田的常用手段。圩田的建造方式，是在浅水地带或者河流的上游建造合适的堤，既能把农田围在中间，又能把水隔离在堤坝外。围内设置排水和灌水通道，以保证田地的供排水需求。

#### 婆留井的传说

据说，钱镠出生的时候，浑身散发着红光，相貌奇丑无比。父亲认为他是不祥之物，想把他扔进屋外的井里。幸亏钱镠的祖母苦苦相求，才保住了他的性命。因此，钱镠的乳名为"婆留"，意思是阿婆留下了他的性命。而那口井，也被称为"婆留井"。

# 第十一节

## 闽国：注重海上贸易的政权

　　唐朝灭亡后，原唐朝威武军节度使王审知于909年向后梁献表纳贡，被封为闽王，闽国政权正式确立。王审知执政期间，任人唯贤，吸引了许多人才投靠。王审知平民出身，所以很能体恤百姓，他推行与民休息的政策，减少百姓负担。王审知还亲自监工水利工程，同时结合圩田的造法，围海造田。闽国领土靠海，北达日本、朝鲜，南通南洋群岛。通过海港转运，闽国的陶瓷、铁器、茶叶等大量销往海外，而象牙、琉璃、香药等源源不断地输入闽国。在贸易往来与文化交流中，闽国的陶瓷制作技术得以大幅度提升。同时，中亚、阿拉伯地区的孔雀蓝釉陶瓶等制作精美的瓷器传入闽国。945年，王审知病逝。之后二十年间，闽国因为频繁的内乱更换了五位皇帝。同年，南唐出兵攻破闽国，闽国覆灭。

**博物馆小剧场**　风调雨顺的闽国

**1** 我觉得人才对于国家的建设十分重要，所以我受封建立闽国后，积极征召贤士。估计大家都知道我很有诚意，所以很多名士来投奔我，比如朱温的手下、李克用的手下，千里迢迢跑到了我们闽国。

**2** 我是农民出身，深知贪官对于地方的影响有多大。好官有了，还得有好政策。这些年战乱频繁，百姓受了不少苦，所以我要减轻他们的徭役和赋税，让他们好好休养生息一下。

**3** 我们闽国最大的特点就是临海，我结合圩田的特点，把一部分浅水海域围起来造田，这样就能增加农田了。还有大型水利工程，我都会亲自主持和监督，因为我担心役工偷懒，也怕官员贪污。

**4** 商业的发展也很重要。开通对外贸易港口后，每天来交易的人络绎不绝。有的买闽国茶叶，有的贩卖香料、瓷器。交流学习才能促进进步！我大力支持！

闽国国王王审知是一个重视人才、注重国家发展的明主。王审知平民出身，即使身居高位后，仍然能顾及百姓的生产生活，在一定程度上缓和了阶级矛盾。在中国古代，闽国的经济一向处于落后的状态，而在王审知的精心治理下，闽国得到了很大发展，社会相对稳定，经济贸易发达，百姓安居乐业，实现了自给自足。

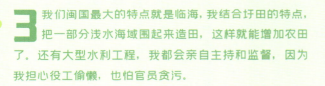

## 历史小百科

### 白马将军的由来

　　王审知统领军队的时候，士兵没吃东西，他就不拿碗；士兵没喝水，他就不碰杯子。正是因为王审知如此平易近人，所以他在军队里享有很高的威望。王审知领军进入福建时，勒令士兵对百姓秋毫不犯。由于王审知身材高大，作战时又常常骑着白马冲锋在前，因此被福建百姓亲切地称他为"白马将军"。

### 闽地文化的发展

　　古时候，闽地缺乏优秀的文学作品。王审知来到闽地后，有大批文人跟随而来，极大地促进了闽地的文学发展，还逐渐形成了活跃的文化氛围。在《全五代诗》中，收录了 39 位闽国诗人的作品。其中被称为"闽国四文士"之一的韩偓（wò），一个人的诗就有 295 首。

# 第十二节

## 南楚：内斗亡国的政权

### 文物档案

**名　称：** 南楚镏金"天策府宝"

**特　点：** 罕见的镏金制钱，南楚王马殷被封为天策上将军后，建天策府，为纪念这件事下令铸天策府宝。

**收　藏：** 中国国家博物馆

　　907 年，马殷被后梁册封为楚王，后又被加封为天策上将军。927 年，马殷被后唐册封为楚王，建立楚国，史称南楚。马殷把都城建在潭州（今湖南长沙一带），并将潭州改名长沙府。马殷重视发展茶叶，命百姓自己制造茶叶。同时设置商业货栈，方便楚地和中原以物易物。在马殷的治理下，南楚经济得到较好的发展。源于马殷生前定下的"兄终弟及"王位继承制，马殷的儿子马希声、马希范先后继位。947 年，马希范死后，众大臣认为年纪最大的马希萼为庶出，因此扶持与马希范一母同胞的马希广继位。950 年，马希萼在弟弟马希崇的帮助下起兵谋反，杀了马希广。951 年，徐威等将领发动兵变，推举马希崇为首领，而马希萼被囚禁。邻国南唐有意讨伐南楚，马希崇举家向南唐投降，南楚灭亡。

### ◉ 博物馆小剧场　　手足相残的南楚国

**1** 父王承认梁国为宗主国之后，受封为天策上将军。父王非常高兴，大唐的李世民也获得过这个封号，那可是一代名君呀。后来梁国被灭，一心求稳的父王又依附了唐国，唐国封父王为楚王。

**2** 父王很注重经济发展，鼓励农桑种植、茶叶生产和纺织品制造。为了提高茶叶的产量和促进贸易，父王允许百姓自己制造并销售茶叶。父王在好几个州设置了货栈，各国的商人可以在那里交易商品。

**3** 父王希望继任者都能继承他的遗志，好好管理国家，当然，最重要的是兄弟团结。所以，他制定了"兄终弟及"的继承制度。可惜往往事与愿违，我们的大哥马希范竟然去世了，接下来该轮到谁继位呢？

**4** 按理说，这个时候应该让年纪最大的马希萼继位，谁知道马希广在众官员的拥护下继位了。马希萼当然不服气，我也不服气，如果不按照年龄，我也有机会呀。所以，我支持马希萼杀掉马希广。

　　马殷占据楚地后，致力于发展楚地经济，并鼓励对外贸易，大大推动了楚国经济的发展。而马殷两次依附宗主国，也为楚地赢得了稳定发展的政治环境。马殷定下的"兄终弟及"制度，本意是防止世袭制造成的混乱。然而事与愿违的是，马殷的儿子有三十多人，大多数都野心勃勃，不但没有出现兄友弟恭的美好画面，反而手足相残越发严重，造成了政局的混乱，为南楚的灭亡埋下了伏笔。

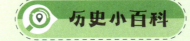
## 历史小百科

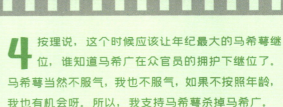

### 镏金"天策府宝"的来历

　　马殷被后梁册封为天策上将军后，他非常得意，觉得这是极大的荣耀。要知道，第一个获得这个封号的是大唐的李世民。为了与属下共享这种荣耀，马殷命人锻造了一批铜钱，并命名为"天策府宝"。天策府宝分为铜、铁和镏金三种材质。其中，铜制、铁制钱币用于民间流通，而镏金制极其罕见，被用来奖赏有功劳的属下。

### "三羊五马"的故事

　　唐朝时期，容州刺史庞巨昭非常擅长占星卜卦。后来南汉侵占容州，庞巨昭来到楚地想投奔马殷。此时，他听到有童谣在唱"三羊五马，马自离群，羊子无舍"。由此推算出，楚国马氏还会经历五位国君，最终会退出割据势力；吴国杨氏还会经历三位国君，但是杨氏的子孙会失去王权。后来，果然如他所料，南楚马氏被灭国，吴国杨氏被他人夺权。

# 第十三节

## 南汉：称霸岭南

文物档案

名　称：南汉青瓷六系罐
出土地：广东省广州市番禺区南汉墓
特　点：罐身肩部有六耳，造型优美别致。为南汉官窑烧制。
收　藏：中国国家博物馆

911 年，后梁授刘龑（yǎn）为静海军节度使，封南海王。917 年，刘龑在岭南番禺称帝，次年改国号为汉，史称南汉。刘龑建国后，沿用唐朝的三省六部制、科举制等制度，大量任用通过科举制考取功名的文人和宗室亲王，让他们担任节度使等高级官职，以此削弱藩镇势力。刘龑重视经济、文化、外交等方面的发展；同时生活奢靡腐化，大兴土木，而且经常滥用酷刑，导致人心惶惶。刘龑之后的接任者，无一例外复刻了刘龑的残暴。951 年，南汉趁南唐灭楚之际，占据了南楚在岭南的领土。958 年，刘鋹（chǎng）继位。刘鋹贪图玩乐，同时纵容宦官龚澄枢等人干预朝政、执掌兵权，社会呈现出贪污腐败之风。971 年，北宋攻破南汉。刘鋹被迫投降，南汉灭亡。

### 博物馆小剧场　残暴的南汉皇帝

**1** 皇上即位后，效仿唐朝，建立了官僚制度。由于我很有谋略，被封为兵部侍郎。我跟皇上说文人比武将更能宣扬政教。皇上听取了我的意见，开始重视通过科举制选拔的人才。

**2** 虽然皇上在制度管理上很用心，也很重视人才，但为人残暴。谁要是冒犯了他，他就会马上除掉那个人。听说，有很多刑具都是皇上亲自研究出来的，有时候，皇上还会去监牢观看给犯人上刑。

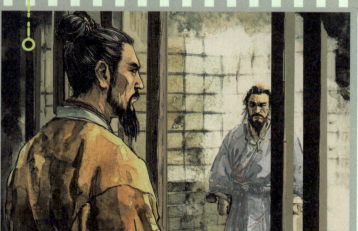

**3** 无论是平民百姓还是官员，大家每天都提心吊胆，生怕一不小心就惹怒了皇上。好不容易等到皇上驾崩，没想到他的继承人们，管理政事不行，论残暴却一个赛过一个。这日子什么时候是个头啊？

**4** 宋军来攻打我们了！少年皇帝整天忙着吃喝玩乐，竟然让一群宦官率军镇守北边的四州，结果可想而知。我们的死守并没有换来生机，我们的国家最后还是灭亡了。

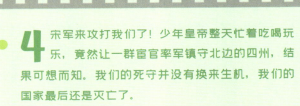

　　南汉历代的统治者都残暴成性，企图通过暴政来压制官民的反抗，然而这样只会为国家的灭亡埋下巨大隐患。据说，南汉后主刘铱投降后，把战争的责任都推到宦官龚澄枢的头上。宋太祖赵匡胤杀了龚澄枢，以安抚百姓。之后，刘铱愿俯首称臣，其间出现了许多啼笑皆非的事。同样是末代后主，南唐后主李煜却时刻心系旧国，跟刘铱形成了鲜明的对比。

## 历史小百科

### 刘隐的贡献

　　唐朝末年局势动荡，但岭南地区少有战争，因此许多官员、世家大族都从中原逃到岭南。那个时候在此驻守的节度使刘隐曾经多次招揽文人入府，并给以至高的礼遇。刘隐礼贤下士的做法，让前来投靠的和本地的官员都全心全意地效忠于他和他的后代。到后来南汉建立，这些人始终对南汉政权忠心耿耿。

### 马鞍献太祖

　　刘铱作为南汉皇帝确实全无功绩，但是在做手工方面却是个奇才。有一次，刘铱用精美的珠子编织马鞍，结成了龙的形状献给宋太祖。宋太祖收到马鞍后，感慨地说道："刘铱如果把这种精细的心思放在治理国家上，又怎么会亡国呢？"

# 第十四节

## 南平：四处称臣的统治者

**文物档案**

名　　称：荆州城墙"文字砖"

出土地：湖北省荆州市城墙 11 号马面遗址

特　　点：表面烧制有汉字"后"，是南平王高季兴建造荆州城防时所用的砖。

收　　藏：荆州市博物馆

　　907 年，后梁灭唐后，高季兴被任命为荆南节度使。高季兴刚上任时，势力范围只有荆州一个州。为了扩大势力，高季兴召集了一大批流亡的散兵扩充军队，同时招募有才能的文臣，使得荆州得以稳步发展。923 年，后唐灭后梁，高季兴顺势归顺后唐。次年，高季兴受封为南平王，确立南平政权。926 年，后唐庄宗被杀。高季兴得知后唐灭蜀收缴的货物途经南平，便命人杀死后唐使者，拦截货物。同年，后唐明宗继位。高季兴索要两州作为蜀郡，又不经批准擅自委派官员管理，结果惹得后唐明宗震怒，宣布废除高季兴官爵，并且派兵讨伐高季兴。高季兴的军力不敌后唐军，不得不割让三州，以向南吴称臣请求庇护。此后，南平一直处于安定和谐的发展中，直到 963 年北宋军来袭，南平统治者向北宋献地投降。

### 博物馆小剧场　反复无常的高季兴

**1** 我原本是朱温义子朱友让的家奴，后来被朱友让收为义子。我抓住机会坐上了颍州防御使的位置。朱温称帝后，派我到荆南担任节度使。让我没想到的是，荆南的城池残破不堪，人口寥寥无几。

**2** 为了壮大我的势力，我四处招抚流民和散兵，组建自己的军队，这样才能安心发展经济。另外，我用优厚的待遇招揽有才能的文人武将前往荆南。只靠我一人想办法可不行，得大家一起集思广益。

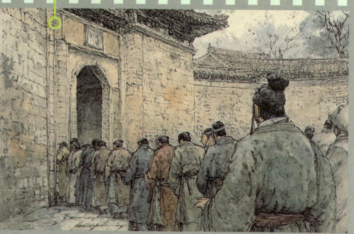

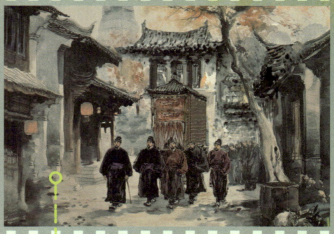

**3** 梁国竟然被唐国给灭了，我决定归顺唐国。大家都劝我不要去，说有卖国求荣的嫌疑。国都没了，我还不得找个靠山，好好发展自己的地盘呀！看唐皇多大方，封我做南平王了！

**4** 这新登基的唐皇也太小气了吧？我不就是想多要两个州吗？不就是没听他安排自己派了几个人去管理吗？他竟然撤了我的官爵，还派兵打我。好吧，唐国是靠不住了，我必须得重新找个依靠。

南平的建立者高季兴是个反复无常、见利忘义的人。他因为背弃旧主、私设官吏、拦截官财等一系列行为，导致历史评价很差。高季兴是为数不多从底层跻身到权力上游的人物。他为人圆滑，能讨好朱友让，从家奴一跃成为皇子的义子。高季兴还骁勇善战，屡次为朱温立下汗马功劳。高季兴也善于把握最佳时机，因此能在各国之间周旋，成为唐末和五代十国大分裂时期影响力很大的存在。

## 历史小百科

### 劝唐伐蜀的故事

后唐庄宗曾问高季兴，先攻打吴国还是蜀国。高季兴故意诓骗后唐庄宗，说："江南贫瘠，得到了也没有用。蜀地富裕，先打蜀国吧。"等后唐伐蜀时，高季兴暗自窃喜，觉得后蜀必然能挫败后唐。结果后蜀国被灭了。这时候南平是唇亡齿寒，高季兴叹息道："我真是把剑递给别人，自己受害。"

### 高赖子的由来

南平国地处交通要道，各国向中原政权进贡，有时候会经过南平。高季兴、高从诲这对父子经常拦截使者，扣留财物。如果对方不想惹是生非，选择忍气吞声，高季兴就白占了便宜。如果对方执意讨要甚至兴兵讨伐，高季兴父子就会乖乖归还。后来中原政权更替，十国部分称帝。为了得到各国赏赐，高季兴四处称臣，被称为"高赖子"。

# 第十五节

## 北汉：最后一个政权

**文物档案**

名　称：北汉太惠妃墓朱雀图

特　点：太惠妃为北汉皇帝刘崇的妃子。朱雀图是墓室穹窿顶下方绘制的四神图之一。

地　点：山西省太原市晋源区青阳河村

　　950年，后汉大将郭威被逼造反，推翻后汉隐帝统治，扶持刘知远的义子刘赟（yūn）称帝，却将其软禁。次年，郭威借抗辽之机兵变，夺权称帝，建立后周。河东节度使、刘赟的亲生父亲刘崇听闻刘赟被夺位，在晋阳（今山西太原）称帝，仍以汉为国号，史称北汉。北汉建立后依附于辽朝，以求得支持和保护。刘崇联合辽军多次出兵讨伐后周，但胜少败多。954年，郭威去世，刘崇再次借辽兵伐周，却在高平之战中被后周世宗柴荣所率大军击溃。刘崇逃回并州后，又被围困两个月，军事受到重创。同年，刘崇病逝，其子刘钧继位。刘钧在位期间，勤政爱民，国力渐复，减少了对辽国的依赖。979年，宋太宗亲征北汉，先击溃辽军支援，后猛攻太原，北汉灭亡。

## ◈ 博物馆小剧场　　武将张元徽在北汉的经历

**1** 刘承佑继位后，郭威作为顾命大臣权倾朝野。我作为主将刘崇的副手和兄弟，早就做好了随时与郭威开战的准备。我们以抵御辽军为由，开始囤物资、军备，连朝廷的赋税都停止上缴。

**2** 这时，郭威放出消息，说要扶持刘赟当皇帝。刘赟是主将的儿子，之前被刘知远认作干儿子。我感觉有诈，劝主将趁乱攻打郭威。但是主将认为自己儿子都要当皇帝了，还怕什么郭威？

**3** 果然，刘赟还没坐上皇位，就被郭威软禁了。郭威自己称帝建立了周。主将一气之下也称了帝，建立汉，以此和周抗衡。但我们的领地太小了，皇上只好与辽国约定为父子之国，希望得到支援。有点儿丢人啊！

**4** 郭威活着的时候，即便是在辽国的帮助下，我们也是胜少败多。终于等到郭威死了，我和皇上都以为这是进攻周的大好时机。没想到，竟然被他的义子又给弄得元气大伤。看来，周不该亡也！

　　刘崇建立的北汉是十国里面唯一在北方的政权，也是最后一个被消灭的政权。北汉能够建立并发展起来，离不开辽国的助力。正是在双方的通力合作下，北汉才能坚挺到最后一刻。当然，在北汉内部，刘钧的勤政以及有效治理，也给北汉延缓衰败打下了基础。北汉的覆灭，代表着五代十国大分裂局面的结束，自此中原迎来了大一统时期。

🔍 **历史小百科**

### 高平之战

　　北汉刘崇想讨伐后周，找辽国借了七万辽兵，自己起兵三万，浩浩荡荡地攻打后周。双方在泽州高平城交战，刘崇自恃兵力多过周军，不顾武将杨衮的劝阻，执意要在狂风天气攻打周军。后来汉军不敌周军，杨衮因怀恨在心不肯出兵支援。最终，刘崇败走并州，一路上丢弃了许多武器、战马，被周军缴获。

### 封马为将军的闹剧

　　刘崇在高平战败后，骑着一匹黄骝马逃回了并州。这马由契丹所赠，为了巴结契丹，刘崇以黄骝马护主有功为由，封黄骝马为自在将军。同时，刘崇命人为黄骝马打造了金银装饰的马舍。黄骝马平时有专人伺候，享受三品官的俸禄。